融合训练

健身、瑜伽、普拉提和芭蕾形体动作的混合练习和方案设计

[加拿大] 海伦·范德堡（Helen Vanderburg）著 梁妍 译

人民邮电出版社

北京

图书在版编目（CIP）数据

融合训练：健身、瑜伽、普拉提和芭蕾形体动作的
混合练习和方案设计 /（加）海伦·范德堡
(Helen Vanderburg) 著；梁妍译. -- 北京：人民邮电
出版社，2018.8
ISBN 978-7-115-48884-8

Ⅰ. ①融… Ⅱ. ①海… ②梁… Ⅲ. ①健身运动—运
动训练 Ⅳ. ①G883.2

中国版本图书馆CIP数据核字(2018)第158931号

版权声明

免责声明

本书内容旨在为大众提供有用的信息。所有材料（包括文本、图形和图像）仅供参考，不能用于对特定疾病或症状的医疗诊断、建议或治疗。所有读者在针对任何一般性或特定的健康问题开始某项锻炼之前，均应向专业的医疗保健机构或医生进行咨询。作者和出版商都已尽可能确保本书技术上的准确性以及合理性，且并不特别推崇任何治疗方法、方案、建议或本书中的其他信息，并特别声明，不会承担由于使用本出版物中的材料而遭受的任何损伤所直接或间接产生的与个人或团体相关的一切责任、损失或风险。

内 容 提 要

　　本书是作者在整合与优化健身、瑜伽、普拉提和芭蕾形体四项传统经典训练体式的基础上形成的融合训练完全指南。全书介绍了融合训练的概念、功用、原理、入门知识等内容，为读者了解融合训练奠定了理论基础；在此基础上，结合真人动作步骤示范图，对融合训练中的热身和恢复练习，以及站姿、卧姿、坐姿等不同身体状态下的近 100 项力量、平衡性和灵活性练习进行了全面解读，内容包括起始姿势、执行步骤、呼吸方法等。此外，本书提供了针对不同训练水平、时间、目标和活动的训练方案，不论是希望减脂塑形的普通人，还是想要全面提升肌肉力量、耐力、平衡性和灵活性的运动及健身爱好者，都可从本书中受益。

◆ 著　　　　[加拿大]海伦·范德堡（Helen Vanderburg）
　　译　　　　梁　妍
　　责任编辑　寇佳音
　　责任印制　周昇亮
◆ 人民邮电出版社出版发行　　北京市丰台区成寿寺路 11 号
　　邮编　100164　　电子邮件　315@ptpress.com.cn
　　网址　http://www.ptpress.com.cn
　　北京虎彩文化传播有限公司印刷
◆ 开本：700×1000　1/16
　　印张：19.5　　　　　　　　2018 年 8 月第 1 版
　　字数：394 千字　　　　　　2024 年 10 月北京第 5 次印刷
　　著作权合同登记号　图字：01-2017-2568 号

定价：98.00 元
读者服务热线：(010)81055296　印装质量热线：(010)81055316
反盗版热线：(010)81055315
广告经营许可证：京东市监广登字 20170147 号

本书旨在带你去领略运动的乐趣，身心强健而活力四射。准备好迎接强大的自己吧！

目录

第一部分　融合训练的基础

第二部分　融合训练

第三部分 融合训练系统

练习手册

练习名称	热身	瑜伽	普拉提	健身	把杆	页码
融合拜日式系列2	×					46
融合拜日式系列3	×					47
半月式		×				80
半伸臂起身			×			102
快乐宝贝		×				158
髋部伸展			×			98
提膝系列			×			84
跪姿侧弯					×	150
跪姿扭转				×		130
抬腿桌面式					×	113
低位弓步				×		135
低跪腿部拉伸	×					34
弓步				×		60
举臂山式	×					42
侧弯山式	×					43
窄俯卧撑		×				88
鸽子式		×				137
板式	×			×		37, 82
平板降臀式				×		87
提髋板式				×		86
单腿板式			×			83
小狗式				×		126
仰卧外展肌拉伸				×		141
仰卧内收肌拉伸		×				140
仰卧蝴蝶式		×				157
仰卧像-4				×		142

练习名称	热身	瑜伽	普拉提	健身	把杆	页码
仰卧腿部拉伸		×				139
仰卧抱膝拉伸				×		155
仰卧单腿抱膝拉伸				×		156
仰卧扭转				×		133
休息式		×				159
反桌面式			×			105
反战士		×				68
扭转椅式		×				55
扭转低弓步		×				131
扭转弓步		×				62
蝴蝶坐		×				138
坐姿牛面式		×				145
坐位体前屈		×				123
坐姿				×		101
坐姿侧弯					×	149
坐姿扭转				×		128
肩桥式				×		118
外旋肩桥式					×	120
抬腿肩桥式			×			119
侧平衡			×			74
侧弯			×			109
侧环腿式			×			108
侧抬腿式			×			107
侧板式				×		90
侧扭			×			110
侧卧式				×		106

练习名称	热身	瑜伽	普拉提	健身	把杆	页码
单腿平衡			×			72
单腿蹲式				×		56
单腿拉伸			×			116
脊柱斜穿式扭转	×					32
蹲式				×		50
提踵蹲式					×	52
站姿体前屈	×					41
背部支撑伸展				×		144
泳者			×			95
桌面式				×		91
穿针式				×		132
树式		×				76
两点桌面式			×			92
上犬式		×				100
V形坐				×		104
战士1		×				65
战士2		×				66
战士3		×				78
分腿体前屈					×	124
宽俯卧撑				×		89

前言

很荣幸有机会与你分享本书。我一生致力于追寻积极的生活方式，从小练习田径和舞蹈，随后参与健身、瑜伽和普拉提。对运动的热情和对身体内在力量的理解一直是我 30 年来训练、指导和激励健身爱好者、瑜伽习练者和运动员的原动力。

生命在于运动。我坚信健身不是一劳永逸的方法，而是一种生活方式。正是通过运动，我们才能保持健康、功能和活力。实现健康需要科学和正念。在融合训练中，你会体验到两者相结合带给你的最佳体验。融合训练是身心兼顾的完整训练系统。无论你是健身菜鸟还是老手，这种无压训练方案都将塑造、加强、恢复和培养你的身体。融合训练完美整合了健身、瑜伽、普拉提和舞蹈中精华的功能练习，提供了一种效率效果兼具的训练方式，从身体和精神层面塑造你的力量、平衡、移动性、稳定性、灵活性和平静内心。融合训练由无器械练习组成，其核心理念为不借助设施，轻松、优雅、有力和有爆发力地完成身体动作。当你能够自如地掌控自己的身体时，才真正实现了功能健身。

融合训练方法并不是健身训练的最新趋势，却是一种可以轻松融入你日常生活的训练系统。随着生活方式的改变，锻炼可以根据你的目标和需要而改变。当你充满能量急于挑战自己时，可以选择高强度的融合训练；当你需要恢复和休整时，可以做短时间的温和训练。使用融合训练方法，即使时间有限，也可以找到适合的方案。

融合训练五步系统是一种系统的训练方法。15 个预先设计好的方案为你提供变化多样的训练及动力，保证你能够找到适合自己的训练方法。不论你是刚刚开始健身之旅，还是一个健身咖，总有一套训练计划是特别为你设计的。

本书分为三部分。第一部分概述了融合训练的基本原理。帮你抓住成功的最佳机会。你会理解思维是如何影响锻炼结果的。并学到一些简单的技巧，从而可以有意识地去获得更快更好的结果。你会了解融合训练的核心功能，以及如何获得最大化的效果。第 3 章所述的简单呼吸练习、渐进式放松技巧和冥想可以非常容易地融入你的日常生活。你可以单独做这些练习，也可以将其作为融合训练的一部分。无论是开车、上班还是在做家务，你可以在一天中任何时间、任何地点进行呼吸练习。渐进式放松和冥想可以放在你健身计划中的最适合的时段。

第二部分是融合训练的练习指南。每个动作都有详细的说明和描述，帮助你正确地进行练习，取得最佳效果。练习分为四大类：热身；站姿力量、平衡性和灵活性练习；地面力量、平衡性和灵活性练习以及静心和恢复性练习。融合练习库是一个由 100 多个练习和变化组成的综合练习库，你可以从中自由选择使你的训练兼具趣味性和挑战性。从最容易掌握的练习开始，随着技能和力量的提升，进阶到更具挑战性的变化体式练习。你的锻炼计划越丰富多样，你的整体锻炼效果就越好。

第三部分是融合训练的集合。根据健身水平、训练时间、训练目标和你的训练偏好，对训练计划进行了分类。如果你是新手，可以从短时间低强度的练习开始。根据目前的身体状况和训练目标，你可以选出一个最适合的练习方式，但我还是推荐你每周至少尝试三种不同的融合训练来看看效果。一旦你选择到适合的强度和方案，你可以每天锻炼。

本书附录将帮助你使用融合训练系统设计自己的训练计划。当你对融合练习库中的练习和融合训练五步系统充满信心，就可以开始选择自己的练习了。使用一个空白融合训练模板，你可以建立无限种训练计划。如果你更喜欢经过验证的训练，那么可以选用附录 B 中列出的基于不同健身水平的每周锻炼计划示例。

在过去的 10 年里，我一直在自己的训练教学中使用融合训练，我仍然在探索新的方法来激发挑战、塑造力量、开拓思维、释放压力并恢复身心。在向世界各地的导师和参与者传授这种效率效果兼备的训练方法之后，我很高兴能把它介绍给你。我希望你能像我一样喜欢它。来享受你的融合训练吧！

致谢

感谢我的父母、丈夫特里·凯恩（Terry Kane）、女儿凯（Kiah）和塞奇（Sage），感谢你们支持和鼓励我追寻所爱并分享我的喜悦。感谢我亲爱的朋友凯伦·沃瑞（Karen Vouri）熬夜校对本书的章节。感谢所有支持我、帮我实现梦想的人。

感谢人体运动出版社（Human Kinetic）编辑团队的米歇尔·玛洛尼（Michelle Maloney）和劳拉·普利亚姆（Laura Pulliam）邀请我写作。本书是我从人生中多位导师那里获得的灵感的合集，是他们无私的分享知识和启发灵感，促成了我在健身领域写作和事业有成。

感谢大家。

海伦

第一部分

融合训练的基础

融合训练完美地将健身、瑜伽、普拉提和舞蹈结合在一起，采用合理方法获得最佳训练效果。在开始进行各项练习之前，了解其基本原理和训练原则可确保你的锻炼计划获得成功。

核心训练是健身训练中最热门的话题之一。通过阅读本章，你会了解如何训练核心区以及如何在核心训练过程中取得进步。你会学到呼吸技巧，通过呼吸和动作的配合，加强核心训练。

训练开始前，按照说明简单做好准备，去迎接成功。训练期间，设定意图并集中精神能帮助你掌控健康和幸福。你将感恩思维对身心系统的调理及最终效果。

什么是融合训练

融合训练（Fusion Workouts）是一种令人兴奋的创新性训练方法，可重塑身形、增强力量、改善体成分及精神状态。这种独特的训练方法整合了包括健身、瑜伽、普拉提和把杆运动（barre）几种运动方式的优势，可提供大量高效的、富有挑战性和趣味性的训练计划。融合训练与众不同的整合方法，是获得力量、紧实肌肉、增加耐力、灵活性和平衡性的有效途径。变化多样的训练组合方式让你永远不会感到枯燥。无论你想要高强度的锻炼，还是恢复性练习，融合训练都是适用的，并能满足你的日常需求。

抛开你的健身经验、水平和兴趣，融合训练提供各种激动人心、安全高效的练习和训练计划，总有一款适合你。最棒的是，无须任何辅助器械，就靠你自己！

你将学会从包含近100个练习项目的简单系统中选择或创建一个完整的训练方案。你可以混搭出一个当日训练方案或者根据自己的时间、目标、兴趣和水平从预设方案里挑一个。

本书通过提供练习图片、动作描述和精心设计的融合训练方案助你成功。每个练习描述中都包括简单有效的动作讲解，图片说明如何练习才能获得最好的效果，而一些提示和动作要点纠正也适合每位练习者。

融合训练的益处

本书包含一个完整的身心调节计划。通过整合瑜伽、普拉提、健身和把杆运动的优势，融合训练通过对身心的调节，使身体和心灵都处于挑战、平静及恢复的平衡之中。

融合训练的一个独特之处是，以各种练习序列挑战身体不断地去适应和改变，带来令人难以置信的效果和更加紧致匀称的体型。通过不断变换练习的类型、顺序和训练强度，身体持续受到刺激并改变，随着时间的推移达到更好的效果。有资料表明，定期改变练习方案可让身体不断地适应改变，避免出现训练停滞期。

功能性训练是健身领域的热点。锻炼使身体功能提升表现在让人轻松、有力且更有耐力的应对日常生活。功能性训练的最佳方式之一是做抵抗重力的运动，也称为自重训练。融合训练便是一种为日常生活增加力量、平衡性和灵活性的自重训练计划。

融合方法告诉你如何控制身体运动以获得最佳效果。融合训练的基础是动作质量。运动专家认为，动作质量是获得最佳健身效果的核心。训练技术、体位和体式不过关会对关节造成过度压力导致拉伤，最终无法达到预期的训练效果。任何运动都一样，体位和技术掌握得越好，训练效果就越好。

本书所述的训练计划旨在帮助你克服三个最大的训练障碍：时间、可行性和枯燥。

节省时间

融合训练非常高效。你能在一次训练中同时获得瑜伽、普拉提、健身和把杆训练的最佳体验。由于训练计划很灵活你可以控制每天分配多少锻炼时间，不必因为没有整块的时间而取消训练。简单地使用融合训练五步系统，只需 20 分钟就能创建一个有效的训练计划。

便于执行

方便是让健身计划能够坚持下去的重要因素。无论是在家里、健身房里还是度假途中，你都可以进行融合训练，以增强肌肉力量，提高稳定性、平衡性、灵活性和耐力，同时提升正念，平和心境。无须任何专门的器械和经验，融合练习让你可以定制自己的训练。

避免枯燥乏味

任何事情，做得太多太久都会觉得枯燥乏味。融合训练的好处之一是可以根据你的喜好进行改变。融合系统的特别之处在于它提供多种锻炼方式，其中包括 15 个基于锻炼水平、时间、目的和内容的简单易行的训练方案。它永远不会让你感觉枯燥乏味！

最棒的是，融合训练还为你提供了多种训练方案以适应每天不同的强度需要。在本书中，你将学习如何使用融合系统制订你的每日和每周锻炼计划，从而保持锻炼的趣味性和有效性。

融合训练的基本原则

融合训练的三个基本原则是体位、动作和呼吸。在锻炼中遵循这三项原则，以更集中的意识来完成身体动作，你将从每次锻炼中获益更多。

体位

身体的体位和体式适当，你便能够轻松、有力、目标明确且姿态优雅地完成动作。当骨骼、关节、结缔组织和肌肉都对称时，身体就处于平衡状态。反之，由于过度紧张、协调性差、身体虚弱、不良习惯、生活方式、疼痛或伤病等原因，体位会出现失衡。无论动机如何，在锻炼过程中找到理想的体位和正确的体式将增强训练效果，减少拉伤，并最终增强功能。融合训练通过强健虚弱的肌肉和拉伸易于紧张的肌肉，帮助改善体式。每个融合训练的最佳体位都在第 4 ～ 7 章中进行了描述。请记住，在执行更具挑战性的动作前，需要专注于掌握正确的体位和动作质量。

融合练习的整合

融合训练整合了一系列运动项目——瑜伽、普拉提、健身和把杆运动，博采众长，旨在形成均衡的、全身协调的训练。

瑜伽

瑜伽体式特别适用于增强力量、平衡性、灵活性及稳定性。瑜伽的核心是控制、凝聚和正念，以此提升每个体式的效果。

普拉提

普拉提练习着重于身体意识和核心调整。普拉提的基础是动作质量、呼吸控制和身体体位，以建立更强的核心和更好的体式。

健身

健身调理和灵活性练习用于辅助瑜伽体式和普拉提练习。这将帮你平衡整体训练效果，获得一个强健、协调的身体。

把杆运动

把杆是指芭蕾舞者在热身运动中使用的扶杆。尽管这些练习并不需要在把杆上完成，但你应该努力做到舞者的优雅、挺拔，动作的轻盈和精准。练习流畅地从一个动作过渡到另一个，加速心率，增加整体挑战性。

在每次练习中，通过改变动作的重复次数、练习节奏和练习项目，你的训练既可以活力四射，也可以宁静平和。将这些练习整合在一起，你汲取到每项运动的精华，就是融合训练的美妙之处。

动作

运用最佳技术巧完成动作可以提升训练效果,从锻炼中最大获益。在运动中保持正确体位和运动模式,你将得到一个功能更强的身体。训练应该有挑战性,但不能让人受伤。在无痛的范围内运动是成功的关键。开始时,可能很难做到全方位的伸展,但是通过练习,动作会变得容易并能够加入挑战。融合练习的动作描述包括体式变化和调整,方便你找到自己所需的强度和改善练习。

呼吸

正确的呼吸有助于在日常锻炼和活动中控制和放松身体。深呼吸技巧会提高神经系统的灵敏度,并在需要时增加强度,激活核心或缓解紧张。良好的呼吸技巧可以促进锻炼效果,让你神清气爽、注意力集中并一身轻松。使用融合呼吸技术,你将了解呼吸和动作的关系,以及在运动中如何呼吸才能带来更好的效果。

融合训练五步系统

本书中的所有融合训练都遵循五步系统。在每一步当中,你都会学到一系列的练习和瑜伽体式,建立有无限可能性的多样训练。五个步骤中的每一步都有明确的目标,即通过安全、有效和有益的锻炼方式助你达到预期的效果。

所有的训练始于设定一个意图,接下来进行热身,然后是力量、平衡、核心和灵活性训练,全部在地面上完成。最后以平静身心的放松练习作为结束。

第一步:设定意图

融合训练五步系统从设定意图开始。通过选定动作或预期结果来确定意图并专注于训练。在开始训练之前,考虑好你每天想要完成的项目,并设定好意图,有助于提高训练效果。设定意图是为锻炼带来正念的简单方法,意图的核心取决于你的内在需要和精神状态。

第二步:热身运动

融合训练五步系统的第二步是为正式锻炼做好热身准备。融合训练的热身运动是进行一系列多方位和多姿态的运动,其强度始终低于实际锻炼。在热身结束时,心率和体温会升高,肌肉和关节变得灵活,神经系统的开启使得协调性和表现力增强。

热身的时间会根据融合训练的强度和类型而有所不同。一般来说,强度越大,热身时间应该越长。对于高强度锻炼,热身时间应持续 5 ~ 10 分钟。

热身运动的时长和速度由你的意图决定。对于高强度的锻炼,首先进行全身范围的缓慢运动，随着进度逐渐加快节奏。对于恢复性锻炼，热身时间应缩短，节奏应舒缓，使全身放松。

一天中的不同时段也会影响你的热身时间。通常，清晨身体会比较僵硬，需要更多时间来准备。而后续时间里，身体已经温和起来了，热身可以短一些、快一些。

热身中最重要的因素是遵从内心。身体和精神上的感受决定你热身的时间和方式。如果你在以前的锻炼中感到僵硬，那么多花点时间热身。如果你感觉没有进入锻炼状态，就允许自己先放松一些，再逐渐增加强度。如果你需要更多时间去体会预热，那就别着急慢慢来，热身时间长一些没有任何危害。第 4 章将详细讨论融合预热的方法和技巧。

第三步：站姿练习

融合训练五步系统的第三步是增强力量、平衡性、稳定性和灵活性的站姿练习。从两脚姿势（如蹲式）或单脚姿势（如单腿平衡）开始进行站姿练习。由于站姿练习通常需要更多的能量和力量，在融合训练初期进行可以更精准地在疲劳袭来之前完成。站姿练习在第 5 章中将有详细描述，其结构遵循训练习惯，从基础练习（如健身弓步）到各种扩展练习（如瑜伽新月式）。

根据重复的次数、你所选择的动作组合、运动的持续时间，你可以降低或增加对心肺系统的需求和锻炼强度。本节的每个练习中都有一个建议的重复次数或完成锻炼的时长。当你获得力量、技能和健康的时候，你就会找到适合自己的项目和进度。

第四步：地面练习

融合训练五步系统的第四步是在地面上进行的锻炼，包括跪姿、板式、坐姿、俯卧或仰卧等系列体式。这些练习为核心区和上半身提供更高程度的训练，具有更强的灵活性。地面练习将在第 6 章中详细介绍，并根据身体姿势分组，使你可以轻松地从一个练习过渡到下一个练习，或者将练习结合在一起，迎接更大的挑战。

根据重复的次数、你所选择的运动组合、运动的持续时间，你可以降低或增加心肺负担和锻炼强度。本节的每个练习中都有一个建议的重复次数或完成锻炼的时长。当你获得力量、技能和健康的时候，你就会找到适合自己的项目和进度。

第五步：恢复训练

融合训练五步系统的最后一步是恢复训练，是让身心恢复，活力焕发的锻炼。这些练习将在第 7 章中进行介绍，是缓慢、有控制的和平静的，重点是拉伸、释放和休息。这个步骤和热身一样重要。一个完整的锻炼，不能跳过这一步，因为身体需要时间从锻炼中恢复。

融合训练五步系统中的每个步骤对于获得最佳效果都至关重要。在制订你的锻炼计划时，必须包含所有五个步骤，以确保锻炼的完整、有效和安全。

了解融合训练系统的组成部分将会改善你的训练体验和效果。当你深入阅读本书时，要时常提醒自己融合训练的三个关键原则——体位、动作和呼吸，并在日常锻炼中实践它们。融合训练五步系统为你的锻炼提供了一个易于遵循的流程。从设定意图开始，随后是热身运动、站姿练习、地面练习，最后完成一系列恢复训练，从而形成完整的训练方案。

2

训练入门

　　无论是下定决心开始锻炼，还是坚持定期锻炼计划，都很有挑战性。即使抱有最强的意图，在琐事缠身的情况下，坚持锻炼都是很不容易的。在本章中，你将学习如何充分利用训练课程提高效率，迎接成功。只简单地延长锻炼时间并不能保持长期效果，运动的质量比数量更重要。我们将探索有关核心训练的最前沿信息，以及如何运用有效的呼吸技术在融合训练中更好地激发核心。新的核心训练方法不再简单地通过卷腹来提高核心力量。事实上，卷腹并不是核心训练的最有效方法。在融合训练方法中，你将学习到如何积极地通过各种有效的、专注于核心的方法训练核心，以及如何通过呼吸练习增强核心训练的效果。

理解核心训练

　　在开始融合训练之前，需要了解如何实现最有效的核心训练，以及呼吸技术怎样能增强核心训练的效果。熟悉核心的功能将帮助你在最短的时间获得最佳效果。

　　姿势和核心训练是密切相关的。了解核心的功能并将其运用到训练中去，可以影响你所做的一切并让你改头换面。你所树立的形象无须语言就会直接传递给他人。当你站得笔直的时候，浑身散发着自信光芒。"站如松，行如风"都离不开核心的功能。

　　功能高效的核心使日常活动和锻炼都更容易。但是，要了解核心，你可能需要摒弃过时的训练方法。事实上，长期以来被推崇的用于塑造核心的卷腹实际上是最没有效果的练习之一。

　　首先需要了解的是，核心不仅仅是腹部的肌肉。核心是支撑躯干的所有肌肉，包括肩部和臀部。核心的肌肉相互交织并与肩部、腿部的肌肉连结在一起。

为获得高度功能化的核心，你需要上半身、身体中部和下半身三个部分均进行核心训练。为了简化融合训练中核心练习的复杂性，我们将其分为三组，即上部核心、中部核心和下部核心。

上部核心

上部核心由胸部肌肉和肩膀前部（见图2.1a）、背部肌肉和肩背部肌肉（见图2.1b）组成。上背部的肌肉通常较弱，导致耸肩和上部脊柱弯曲。这种姿势不仅非常难看，还可能导致上背部肌肉出现问题，并降低核心的机能。

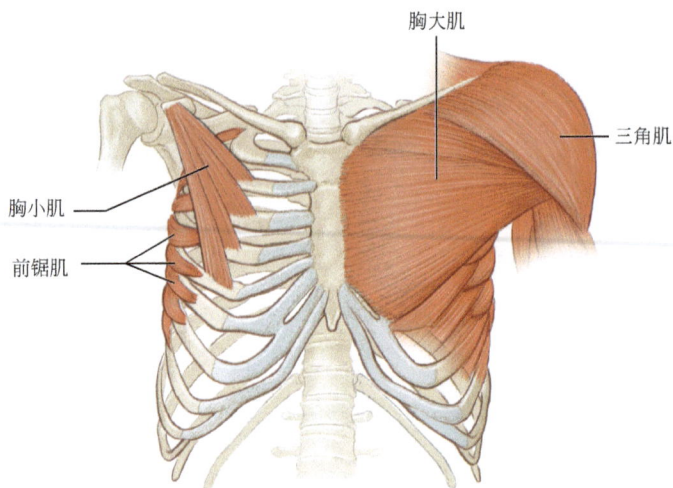

胸大肌

三角肌

胸小肌

前锯肌

a

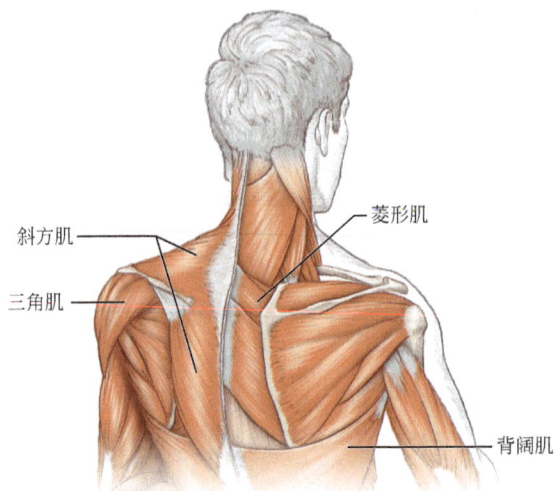

斜方肌

菱形肌

三角肌

背阔肌

b

图2.1 上部核心肌肉：a.胸部和肩膀前部，b.背部和肩背部

当上背部处于一种懒散的姿态时，腹部肌肉很难被激活，此时背部肌肉强烈收缩以支撑骨骼（脊柱和肩带）。试着来感受一下两种姿势的区别：

　　1. 坐好，肩部下垂，注意一下腹部的自然反应。肚皮凸出，腹肌松散。

　　2. 现在上身挺拔坐直，观察变化。腹肌拉长并回收，腹部拉伸和收缩变得非常容易。

　　融合练习强健上部核心的肌肉，并增强了整体核心的能力。请特别注意本书后面的练习说明中给出的相关体位技巧。要找到上身的适当姿势，先站直，将注意力集中到上背部，肩膀外旋，手掌翻转向前。肩膀继续向后转动，将双侧肩胛骨靠向背部中央，同时轻轻下沉。你应该能感觉到上背部的肌肉激活以保持上部核心姿势的力量。不良姿势的示例参见图 2.2a 和图 2.2b；上部核心的正确姿态的示范，见图 2.3a 和图 2.3b。

图 2.2　上部核心的不良姿势：a. 后视图，b. 侧视图

图 2.3　上部核心的正确姿势：a. 后视图，b. 侧视图

中部核心

中部核心的肌肉是分层的。最深层的核心肌肉由膈肌、腹部肌肉、脊柱肌肉和盆底肌肉组成（见图2.4a～d）。这组肌肉稳定了身体的核心，并在支撑脊柱结构中发挥着重要作用。训练这些深层肌肉对缓解腰背压力非常重要。

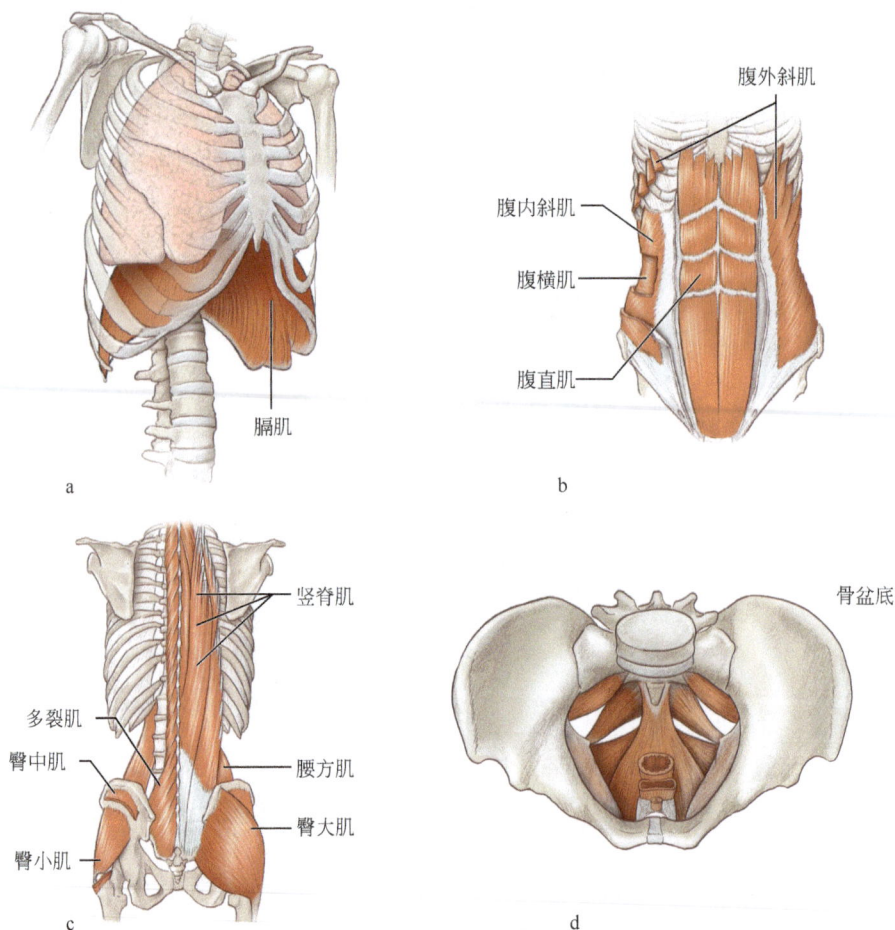

膈肌

腹外斜肌
腹内斜肌
腹横肌
腹直肌

竖脊肌
多裂肌
臀中肌
臀小肌
腰方肌
臀大肌

骨盆底

图2.4 中部核心肌肉：a.膈肌，b.腹部肌肉，c.脊柱肌肉，d.盆底肌肉

中部核心可看作你的能量中心。当中部核心比较强时，你可以在各项活动中从核心获得原动力或肌力。想想打高尔夫球时的挥杆动作，一个远距离挥杆的力量来自核心而不是胳膊。然而，不良姿态、缺少运动、过于依赖现代化便利条件都可能导致中部核心肌肉弱化。久坐令中部核心肌肉松弛，就像前文在上部核心锻炼中体验到不良姿态的影响一样。如果不对中部核心有意识地进行训练，这些肌肉就会变得软弱无力，甚至丧失功能。

3D 呼吸技术

　　横膈膜（又称膈肌）是与呼吸相关的肌肉。由于它的解剖位置和与腹肌的关系，它也是重要的深层核心肌肉。膈肌与核心的稳定性密切相关，通过有效的 3D 呼吸技术，可以刺激肌肉收缩并最终加强核心。学习如何使用膈肌来激活深层核心肌群，请尝试下面的呼吸练习：舒适坐姿，将一只手放在上胸部，另一只手放在腹部（见图 2.5）。

　　接下来，鼻子深吸气，感觉胸腔提升，腹部向外扩张（见图 2.6a）。随后有意识地、悠长地、缓慢地、有控制地用鼻子呼气（见图 2.6b）。感受呼气始于盆底肌群的提升，随后腹部向内和向上挤压向膈肌。关注肌肉紧张的过程中，重复这种呼吸模式，体会吸气与释放核心张力，呼气与增加腹部张力的关系。放松身体的其他部位，观察自己的脖颈或面部肌肉是否紧张，不要过于用力。呼吸应该感觉很有力，但没有压力。

　　当你进入融合练习系列时，请使用这种核心呼吸技术，激活深层核心肌肉，稳定脊柱、骨盆和胸腔。每个融合练习都有一个建议的呼吸模式，可以在坐姿或站姿下进行。

图 2.5　坐姿 3D 呼吸的准备动作

图 2.6　3D 呼吸：a. 吸气，b. 呼气

下部核心

　　下部核心由臀部肌肉和骨盆肌肉组成（见图 2.7a 和图 2.7b）。找到一个正确的骨盆中立体位会减小背部和臀部的压力。如图 2.8a～c 所示，分别展示了前倾骨盆、后倾骨盆和中立骨盆的例子。

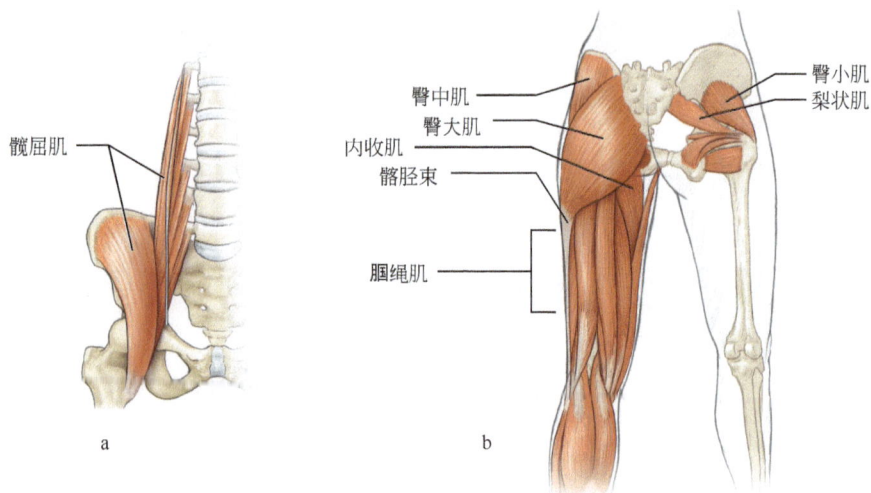

髋屈肌

臀中肌
臀大肌
内收肌
髂胫束
腘绳肌
臀小肌
梨状肌

a

b

图 2.7　下部核心肌群：a. 前部，b. 后部

a.　　　　b.　　　　c.

图 2.8　下部核心位置：a. 前倾，b. 后倾，c. 中立

除了盆腔深层核心肌群，训练臀部的大块肌肉也十分重要。如果你已经知道如何使用深层核心肌肉，包括腹横肌、盆底肌和深层斜肌，那么可以开始训练浅层较大的肌肉，组成一个强大的综合核心单元。对大部分人来说，臀肌是较弱的肌群。在臀肌力量不足的情况下，骨盆容易错位，导致腰部压力过大。

功能强大的核心另外一个重要作用是释放髋前侧腹股沟处的张力。髋关节屈肌群经常处于紧张状态，牵拉腰部引起不适并降低核心调节能力。融合训练的臀部练习可以减少髋关节屈肌群张力并增加下部核心的力量。

为融合训练做好准备

做好准备是保证长期训练能够成功的重要一步。在实施融合训练锻炼之前，需要花些时间做好身体和精神上的准备。花时间进行准备过程是为了保证最安全、最高效和最有力的融合训练。下面是帮助你做好融合训练准备的指导。

咨询保健医生

在开始训练之前，请咨询你的保健医生，以确保你适合锻炼。如果你患病、受伤或者怀有身孕，本书中的某些练习可能不适合你。

在开始锻炼计划之前，向你的保健医生咨询潜在的健康风险，或者是否有阻碍你开始训练的因素，得到允许便可以开始进行训练。在整个锻炼过程中可以根据伤痛、疾病和一些不适情况随时调整训练计划。

有足够的空间

当你准备锻炼时，请确保你有足够的空间进行安全运动。融合训练计划中的大多数锻炼可以在一个瑜伽垫的空间内完成。不过，你应该给自己一个更宽松些的空间，允许你的腿和手臂伸出垫子两侧、前面或后面。

衣着舒适

没有什么比穿着或松或紧、限制运动的衣服更难受的了。确保你的服装舒适自由，不会限制运动。服装面料最好有弹性，纽扣和拉链等配件尽量小而少，且缝合结实。

对于女士而言，服装的最佳选择是长款或短款运动紧身裤、搭配运动背心或胸衣。对于男士而言，健身短裤和无袖或短袖透气运动上衣的搭配最合适。融合训练最好可以赤脚完成。如果你需要脚部支撑，可以选择舒适的运动鞋。

运动前后的能量补充

锻炼前一定要吃健康的食物或零食，吃多少和吃什么取决于几个因素。大多数人需要一到两小时来消化一顿饭。只要不引起不适，容易消化的零食可以在锻炼的一小时前食用。锻炼结束后 30 分钟内，可以通过含碳水化合物和蛋白质的食物补充能量，如巧克力牛奶。在锻炼期间可少量多次饮水，避免身体缺水。

器械准备

融合训练很少使用到器械，在任何地方都能轻松完成。在开始训练之前，需要购买一个瑜伽垫。瑜伽垫需要靠摩擦力固定在地板上，保证训练安全。如果你感觉不舒服，需要更多的缓冲，可以将垫子叠加。第 4 ～ 7 章中的一些可选择的体式变化需要额外添置瑜伽砖、瑜伽带或一把牢固的椅子。

安全练习

任何运动计划中，首要考虑的都是安全因素，避免伤害。以下是开始训练前要注意的几点提示：

· **选择适合的训练强度** 融合训练提供各种形式的练习选择，使你有机会去定制自己的训练计划。在确定自己的练习强度的时候，要注意你的呼吸频率。呼吸急促表明你需要放松一些。在进行力量练习时，请确保你动作正确不会过度拉伸。如果不确定的话，要先退出训练。

· **尊重自己的身体** 尊重自己身体的局限性。如果感到疼痛，不要强迫自己。如果训练时感觉异样，可以根据练习说明中的建议进行一些调整以减少不适。

· **避免疼痛** 保证在无痛的范围内运动。如果你感到关节疼痛，请停止运动或减小运动幅度，随后再根据情况逐渐扩大运动范围。

· **挑战自己** 通过难度循序渐进的练习来提高自己。当你准备进行更高级的练习或训练时，可以减少重复次数或缩短练习时间，并在需要的时候休息一下。

· **定期锻炼** 融合训练可以每天进行。但是若在训练中发现身体僵硬并感到酸痛，那么后续应当选择一些比较容易的练习，侧重于拉伸而不是力量训练。

花一些时间了解如何训练核心及呼吸与核心的关系将会改善你的核心训练。按照本章的指导为你的融合训练做好准备，你会对自己的健身目标充满信心，实现最佳的锻炼体验，成功地完成训练。

正念和意图

正念和设定意图是融合训练的基础。持续的效果和改变来自于将思想、身体和精神有机结合，并融入你的锻炼计划。引入思维并认识到思维如何影响行动，将提高锻炼的有效性和训练计划的可行性。

正念

所谓正念，可以理解为大脑的意识和身心的内在感觉。大脑会影响思想，两者相辅相成。通过在锻炼和生活中学习如何设定意图并保持正念，你将从日常训练中获得更大的成功、享受和自我实现。

用积极行动联结思想

说给自己听的话非常重要。越来越多的研究认为，大脑与身体之间存在错综复杂的联系，思维能够改变身体的功能。当思想负担很重时，身体通过改变各个生理系统的状态来应对所感知的压力。可以观察到明显的信号，例如心率和呼吸频率的增加。而不易被发觉的信号包括血压的变化、神经系统的激活和应激激素的释放以抵抗压力。当你以自我怀疑的方式完成任务时，情况也是如此，大脑将调配身体以忧虑和怀疑的状态来承担任务。而当你思想乐观精力充沛的时候，身体和生理系统也做好了同样的准备。

经历也会影响你对待任务的态度，因为大脑中的神经通路已建立，大脑会以习得模式做出反应。改变这些路径和习得模式需要刻意地努力。只有通过不断地投入和实践，才能在大脑和神经系统间建立新连接，使之按你需要的方式做出反应。对思想的意识被称为意念。要建立意念，你必须先学会平和身心，倾听内心的声音，不断充实大脑。运用对话和实践法来引导你的思想并影响你通往成功的途径。

通过学习如何设定意图，练习轻松而高效的呼吸法，逐渐式放松，简单冥想，你可以训练大脑并实现最佳效果。这些练习有助于放松身心，帮你获得崭新而强大的思维模式。

引入正念练习

在融合训练中，通过正念练习来加强你的体验、满足感和训练效果。除去时间的投入，练习更注重切身体验、练习的方式以及思想是否能带给你力量和激励。

学习和实践使用正念的 3 个简单的技巧是呼吸练习、渐进放松和冥想。这些技术可以独立于融合训练或与训练相结合。

呼吸技巧

所有正念练习的基础是感知自己的呼吸，呼吸方式影响你的方方面面。呼吸是生命生存之本。然而，人们通常认为呼吸是理所当然的，并且常常忽略呼吸对身体功能的影响。

吸气时，富含氧气的空气进入身体，提供给大脑、器官和肌肉。呼气过程则刚好相反，把过滤掉的废气、废物和副产品排出体外，人就是这样通过持续不断的呼吸来维持身体平衡的。

把积极思维带进融合训练

把积极思维带到你的训练中来。有力的语言或口号帮你把思想集中在想要的方向上。像口头禅一样，不断重复这些语句能够进行心理暗示。你可以创建自己的口号或参考下面这些建议试试看：

我超级强壮。

这是我崭新的开始。

相信自己。

我可以做到。

我能。

我无所不能。

改变思维，改变结果。

肺位于胸腔内，受到肋骨的保护。肺的两个叶片就像两个口袋，而右侧比左侧略大。膈肌是将胸部与腹部分开的肌肉鞘（见第 12 页的图 2.4，其中展示了肺和膈肌）。吸气时，肺部充盈，扩张到整个胸腔的前面、后面和侧面，膈肌圆顶收缩并变平；呼气时，膈肌松弛，随着腹部肌肉向内收缩，肺部排气，返回到圆顶形状。肺、膈肌和腹肌的动作配合对于核心机能和所有涉及核心的运动都是至关重要的。

无论是健身、瑜伽、普拉提还是舞蹈，呼吸是所有训练的基础，参与所有运动。呼吸技巧体现在：

- 提升内在认知和专注度；
- 建立一种和运动有关的感觉；
- 增加氧气交换以满足活动需要；
- 创建有力而稳定的核心；
- 提高平和感和轻松感；
- 放松身心。

健身、瑜伽、普拉提和舞蹈使用各不相同的呼吸技术，每一种都有特定的用途。健身时要求练习用力时呼气，恢复时吸气。普拉提通过用力呼气来协助激活核心肌肉。在瑜伽中，呼吸与身体的自然动作有关，吸气打开身体并伸展脊柱，呼气关闭身体并放松脊柱。在舞蹈中，呼吸用于找到身体的中心，吸气时塑造一个有力的姿态，呼气时释放无谓的紧张。所有这些技术的基础是意识到呼吸可以影响动作、稳定性、力量和训练目的。

在融合训练中，你将练习一种特殊的呼吸技术，是由健身、瑜伽、普拉提和舞蹈中综合提炼而得。融合训练中使用的是 3D 呼吸法，结合了每个项目的呼吸技巧，易于学习。

充分地吸气和呼气使身心都获得益处。进行融合练习时，使用 3D 呼吸技术来增强练习的效果。一般来说，强烈的呼气会带给你更大的力量，长时间的缓慢呼气将有助于放松或加深伸展。吸气使空气充满整个肺部，呼气则会调动核心和膈肌。该技术充分利用整个肺部完成空气交换，来发挥呼吸的全部潜能，同时激活深层核心肌群，强健塑型。

3D 呼吸技术的步骤：

1. 在一个较高的坐姿或站姿的位置，把手放在体侧的肋骨上，大拇指朝后，四指沿着胸腔的前部展开。

2. 缓慢充分地吸气，感觉手掌下胸腔的扩张（见图 3.1a）。将呼吸引入胸腔的侧面、前面和后面。

3. 通过将肚脐向内和向上提到膈肌处启动呼气（见图 3.1b）。呼气完成后，持续感受深层腹肌的收缩。

图 3.1　3D 呼吸：a. 吸气，b. 呼气

　　4. 重复一次完整深度的吸气。在呼气过程中，看看你是否能够强烈地感受到核心肌群积极地参与呼吸。

　　5. 重复这种呼吸模式 10 次，并放松身体的任何其他部位。

了解呼吸

　　首先了解正常情况下你是怎么呼吸的。花一点时间认识自己正常的呼吸模式及呼吸对感觉的深层影响将有助于学习凝神和放松。安静地坐下来观察你的呼吸，你感受到自己的身体，并将意识转向内在。一天当中，无论何时，当你感到压力很大的时候，或在融合锻炼的开始或结束时，回到这种有意识的呼吸练习，帮你找到自己。

　　1. 在舒适的坐姿下，通过用鼻子呼气吸气，体会能够感觉到呼吸运动的身体部位。

　　2. 感觉呼吸的深度。

　　3. 观察呼气和吸气的长度。

　　4. 深吸气，悠长而缓慢地呼气，通过改变你的呼吸的节奏和深度，看看它是如何改变你的感觉的。

　　5. 持续深呼吸 2 ～ 3 分钟。

渐进式放松

渐进式放松是一种主动释放身体无谓紧张的方法。可随时随地进行，以帮助释放压力并回归平静。在开始或完成融合训练之前，你可以进行一系列渐进式放松练习。无论你感到焦虑或仅仅需要释放紧张，这种放松的方法都非常有效。简单操作便可找回幸福感：

1. 站姿、坐姿或仰卧，首先绷紧全身肌肉。握紧拳头，收紧肩膀、面部肌肉、核心、臀部和双腿。

2. 吸气，并保持紧张 5 ~ 6 秒。

3. 呼气，释放紧张，把体内残存的所有紧张都释放掉。

4. 重复 5 ~ 10 次，最后一个循环时，让呼吸顺利过渡到正常的节奏。

简单冥想

冥想是通过对思想、反应和行动的意识来创造正念的技术。冥想可以在一天中的任何时间进行，可以摒弃一切动作和情感，只是安静地坐下来审视你的内心想法。厘清杂乱的思绪，让专注、乐观和意图引导你进入融合训练。首先，来练习下列简单冥想技巧：

1. 以轻松、舒适的姿态，端正地坐好。如果感受不适，可以靠墙坐着或者躺下来。

2. 以 5 分钟开始计时。当你练习更频繁的时候，可以把时间延长到 30 分钟。

3. 闭上眼睛，把注意力放在吸气和呼气上。

4. 将意识转移到鼻息。呼吸时，捕捉到吸入清凉的空气，随后以温暖气息呼出的微妙感觉。

5. 不必控制呼吸，只要仔细观察就可以。不断探索每次呼吸，就像每次呼吸都是第一次呼吸一样。一旦走神，收回思绪，耐心地把注意力重新放在感受呼吸上。

意图

融合训练系统的第一步是设定一个意图，即对采取某个或某些行为的努力。意图需要规划和预想。在进行每一次有意图的训练计划时，你都创造了一个在身体上、精神上和情感上投入、自信和成长的机会。

努力源于动机，人类具有寻求快乐和避免痛苦的本能。在健身训练中，可以理解为对成功的渴望或者对失败的畏惧。渴望成功的人置身于挑战，创造成长的机会。而惧怕失败的人依然会尽最大努力，但是会选择挑战性不大的任务来保护自己。有趣的是，每个人都会经历一定程度的恐惧，区别在于克服恐惧的能力，这就是正念和设定训练意图的重要性。在训练中取得成功，你就会获得信心，树立了信心，恐惧就会消失。

信心是相信自己具有能够解决问题的能力。积累经验和成就，你对自己的能力会更加自信。

改变对恐惧的想法和感受。考虑一下你为什么想要实现既定目标？你的动机是什么？什么激励着你？在你的脑海中创造一个愿景，或用一张照片提醒自己为什么要坚持下去。关注收获多于付出，心态乐观，善待自己。设定现实的愿望和可以实现的目标来树立你的信心。即使你今天尝试某个锻炼或训练，但是没有完成，那距离明天完成它也更近了一步。关注点放在你可以做什么而不是不能做什么上。从今天的你开始，肯定现在，着眼未来。

当你开始训练时，设定一个对你来说虽有一定程度的挑战性，但经过努力能够成功的意图。在第二部分的每个练习描述中，可以找到如何将心思集中在积极行动和意图上的有用提示。

设定意图

每个人健身的起点都不同，尊重这个起点，并根据每次融合训练时的需求调整你的锻炼。你可以时常调整锻炼的意图以满足不同需求。

专注意图

意图决定了锻炼的基调，并将你的思想引入你想要专注的训练中。这将帮助你专注于特定的任务或结果，持续提高并最终获得成功。意图的焦点可以集中在身体上、精神上或情感上，并根据需要改变。

• 身体焦点侧重于运动或锻炼的身体因素，比如重复更多次动作或增加上半身的力量。它可以基于类似于增加灵活性或改善平衡的锻炼目标，它也可以简单如改善体态或调动身体全力以赴。

• 精神焦点是在锻炼和训练过程中将心思集中在观察和意识上。当你的呼吸短浅而没有目的性的时候，精神焦点包括倾听自己的呼吸、观察呼吸时身体的感觉。它可以是用适当技巧进行锻炼时自己的内心投影，也可以是游离思绪如何影响训练的意识。

• 情感焦点密切关注你思维中飘忽的各种想法，并学会将它们和情感的落脚点引导到让你强大的方向上来。例如，允许自己不加判断地体验训练，或者在平衡姿态中放下对失败的恐惧。在训练中专注于积极的结果，以乐观情绪取代负面情绪。

建立意图

建立意图之前，先花一点时间确定你今天的体能水平、当前的技术水平和精神状态。通过评估当前需要，选择用于建立意图的焦点类型，并通过以往的经验和观察来确定你的意图。例如，若你曾经背痛，想在加强核心的同时注意不要刺激背部。这种经验会帮助你将意图确定在身体焦点上，在训练时采用正确的体式和动作。或许你想到了曾经的健身失败，那么请把你的注意力放在为意图设立一个情感焦点上。使用咒语一样强大的激励口号，来抛开过去失败的阴影。起初，你可能并不知道你在融合训练中需要什么，那么可以先使用下列示例意图或者第三部分中每次融合训练的建议意图。

融合训练示例意图

以下融合训练示例意图是常见的焦点，可以作为训练时的关注点。你可以多次重复某个意图直到确认自己已经掌握了它，也可以暂时放弃，等需要时再重新设定。下面是身体焦点、精神焦点和情感焦点的示例描述。

身体焦点：在整个训练中的重点在于使用 3D 呼吸技术。

在这种情况下，你的目标是在整个训练过程中注意呼吸和动作。观察吸气如何提升躯干并拉伸脊柱，呼气如何放松身体并让脊柱回归微曲的状态。

在融合训练期间，重点关注你的吸气和呼气如何影响运动的感觉。例如，站姿，吸气时双臂高举过头顶，呼气时双臂落下置于体侧。重复练习，但这次颠倒呼吸的顺序，感觉一下是不是很别扭。

身体焦点：每次训练开始之前建立一个良好的基础。

在这种情况下，你需要建立一个良好的基础，使你的锻炼变得更加强大和稳定。例如，闭上眼睛站好，注意脚下的重量分布。你的体重在每只脚上分配的均衡吗？你是否觉得脚的内侧或外侧边缘承受了更多的重量，或是脚跟或脚掌上重量更多？计重心均匀分布在两只脚上，观察在两脚之间、脚掌前后或内外侧如何分配重量，才能使动作更稳定。每次锻炼前建立一个坚实的基础，同时不断更新基础，以保持更好的平衡性和稳定性。

精神焦点：今天我将集中精力完成手头的任务，绝不分心。

在这种情况下，你的目标是了解你的思想如何影响你进行锻炼的能力。乐观估计你的能力并设定你的意图。忘记过去，将思维集中在此时此地。当有思绪飘入脑海中，分散你的注意力时，轻柔地引导你的思维回到现在正在做的事情上。每个人都有自我怀疑和消极的时刻，当你的思绪飘忽不定时，提醒自己有能力改变想法，以积极的情绪代替负面情绪。

一个鼓舞人心的词语或短语可以作为你的意图，并建立强大的思维模式。例如，锻炼时，大脑里重复念叨"我很强壮"或"我很稳定"之类的短语，那么你就会朝着这个方向发展。

情感焦点：在锻炼中，我会尊重身体今天的需要。当我感到不适时，会做出相应调整。

在这种情况下，你要给自己一些选择。身体灵活性、伤病或年龄都可能限制你的身体进行自由运动。设定一个意图，观察身体紧张的部位。呼气时注意释放张力。如果身体抗拒，请延长锻炼的时间，并温柔地鼓励自己去放松。

设定一个意图有助于在锻炼期间保持正念。在所有的训练中使用这一技术，看看它如何帮助你提高能力，增强心灵和身体的联系，使你能够掌控自己的锻炼效果。正念很强大，充分利用它并体会它为你的成绩和成就感所带来的变化。在下面的章节中，你会找到对每次融合训练的意图和正念方面的建议。

融合训练

在接下米的章节中，融合训练被分成几组：热身；站姿的力量、平衡性和灵活性练习；地面的力量、平衡性和灵活性练习；平静和恢复练习。每一章的练习将保证你的融合训练达到最佳效果。

第二部分包含 100 多种融合训练中的练习和变化体式，丰富的选择让你的训练充满趣味性和挑战性。每个练习都配有图片和详细的描述，指导你安全有效地完成练习。下图展示了理想的身体体位和动作完成度，而你可以按照自己的进度来掌控练习。练习的调整和变化为你提供了多种强度选择和保持运动乐趣的方法，同时保持循序渐进。每个训练都有建议的最佳呼吸模式进行辅助练习。经常回顾练习清单，可以帮助你不断深入掌握这些练习，并为你的训练增添花样。

热身

热身对于运动前获得舒适性、灵活性和做好生理准备非常重要。以温和轻松的方式开始锻炼，身体各个系统都能够适应训练，并提供能量和神经肌肉反应，为训练做好准备。运动是对身体的内部按摩，能够缓解僵硬、增加血液流动，活动肌肉和结缔组织，使其更容易发挥作用。

本章的热身练习为融合训练做好了思想和身体的准备。在热身活动中，将注意力放在你的目标上，并引导你进入训练。呼吸通过加速身体和大脑的氧气流动帮助热身，让你精力充沛、头脑清晰。就像你在第 3 章中学到的那样，在锻炼中使用 3D 呼吸技术。

热身被视为在实际训练中逐渐进入高强度练习的预备。热身提高了灵活性和心率，将你的注意力集中到训练上。在理想情况下，你的热身运动应该模仿实际训练，只是强度要低一些，速度要慢一点。根据你选择的融合训练的持续时间、类型和强度，热身可随之调整。

一般来说，训练难度越大，热身时间就应该越长。在比较温和的训练中，由于需要的力气较少，热身时间可以短一些。根据训练的强度和时间，可进行 3 ~ 10 分钟的热身。但是无论什么训练，一系列热身练习是必要的。

第 8 ~ 11 章所列的训练包括从本章中选出的一些热身运动，用以配合不同的融合训练风格。第 7 章中列出的"平静和恢复练习"也可以作为热身练习。当你对融合训练有了经验和信心后，你就可以根据融合训练的类型从本章选取热身练习，来实现你自己独特的热身方式。

热身运动根据身体部位分组，以便从一个练习顺利地进入到下一个练习。

跪 姿

跪姿热身练习是一种温和的准备活动。在这个位置，你能够增加脊柱、肩膀和髋部的灵活性，并激发核心肌群，为后续更有挑战性的训练做准备。

婴儿式

起始姿势：脚面着地，跪在地板上，双脚并拢，双膝分开，略宽于髋部。双手分开，与肩同宽，手臂置于头部两侧，前臂贴于地面，手指向前。

动作：臀部拉向脚跟。手臂向前伸展，躯干在大腿和膝盖之间压向地板，前额贴地（见上图）。

体位：臀部向脚跟移动时，拉长脊柱。避免上背拱起和耸肩。

呼吸：这是一个专注于呼吸和营造平静感的理想体式。吸气时，感觉胸腔扩展，空气流入肺部。呼气时，柔软胸腔并放松，加深下一次吸气。至少重复5次深呼吸。

技术提示：

• 脊柱伸直，肩膀放松。

• 呼吸时要放松。

进阶与调整：

• 跪姿可能会导致膝盖不适或疼痛，可通过抬高臀部并使手臂尽量前移来缓解。

• 手臂向前伸展可能会造成颈部和肩部不适；你可以选择将手臂放在大腿两侧，手掌朝上伸向身体后方。

• 前额如果不能舒适地贴近地面，可以加垫一块瑜伽砖或卷起的毛巾支撑头部。

注意：把意识带入呼吸中，感受气流静静穿过你的身体。随着每次呼气，像婴儿一样深度放松。

猫牛伸展

a

b

c

起始姿势：跪姿，双手分开与肩同宽，手臂垂直支撑在地面上，脊柱处于中立位置。双腿分开与髋同宽，大腿垂直于地面，膝盖支撑，脚背贴放在地面（见图 a）。

动作：收缩盆底肌肉和下腹部肌肉，骨盆内旋耻骨上提。拱背拉长脊柱，微低头和脊柱形成一个柔和的 C 形曲线，即猫伸展式（见图 b）。相反的动作是，坐骨微微上抬，旋转骨盆，在下背部形成一个轻微弧度，并沿脊柱延伸到头部，进入牛伸展式（见图 c）。在两个伸展之间流畅地切换。

体位：训练过程中一直保持手臂伸直，让整个脊柱参与动作。

呼吸：呼气时弯曲脊柱并轻轻地收腹。吸气伴随脊柱延伸。缓慢而有控制地呼吸。每个动作重复 3 ～ 5 次。

技术提示：
• 在不感到疼痛的范围内运动。
• 呼吸缓慢而彻底，使运动和呼吸结合起来。

进阶与调整：
• 为了减轻手腕的不适，抬起手掌，五指尽力张开，轻轻按压每个手指根部的掌丘（位于手掌上连接手指的地方）。
• 为了减轻手腕的不适，可用前臂支撑在地板上。
• 将折叠的毛巾或卷起的垫子放在膝盖下，会更舒服一些。

注意：观察练习中呼吸和动作的配合。

脊柱斜穿式扭转

a

b

起始姿势：跪姿，双手分开与肩同宽，手臂垂直支撑在地面上，脊柱处于中立位置。双腿垂直于地面，双膝支撑，略宽于髋部。

动作：一手向内移至胸前中心位置，另一只手臂抬起指向天花板，转动脊柱向上展开胸部，同时转头看向指尖（见图a）。随后手臂放下，扭转手掌向上，手臂横过对侧支撑臂，触及对侧臂后的地面。肩膀外侧边缘着地，支撑上半身，轻轻地将头部侧靠在地板上（见图b）。重复练习，在两个动作之间切换，或者每个动作保持几个呼吸之后换向对侧练习。

体位：保持臀部抬起，大腿与地面垂直，以完成胸腔、脊柱和肩膀的扭转。

呼吸：呼气，抬起一侧手臂，将胸腔向外旋转并展开。吸气保持。呼气，使手臂向对侧穿过。吸气并保持。还可以选择每个动作保持几次呼吸，而不是随呼吸做动作。重复3～5次。

技术提示：

· 做斜穿动作时，保持大腿垂直和臀部抬起。

· 从臀部开始伸展，以保证两侧都充分扭转。

进阶与调整：

· 为了减轻手腕的不适，抬起手掌，五指尽力张开，轻轻按压每个手指根部的掌丘（位于手掌上连接手指的地方）。

· 如果膝盖感觉疼痛，使用双层垫子，或将折叠的毛巾放在膝盖下，增加缓冲作用。

注意：了解髋部怎样运动，才能够帮助脊柱和肩部更自由地运动。

低跪腿部拉伸

a

b

c

起始姿势：手掌膝盖支撑，四足式起始（见图a），单脚向前迈一步，膝盖弯曲成低位弓步，后侧腿胫骨和脚背贴地。前侧小腿与地面垂直，膝盖位于足跟正上方。将手放在前脚两侧的地板上（见图b）。

动作：髋部向后提拉，延展脊柱，同时伸直前腿，上身前倾，避免后背拱起（见图c）。髋部下压，加深延展的感觉。臀部保持抬起，支撑腿保持与地面垂直。

体位：保持前侧膝盖在脚跟正上方时，尽可能地向前移动。腿筋拉伸时，保持臀部抬起，离开后足跟。

呼吸：呼气时向前迈步成弓步。保持弓步并自然呼吸。随呼气拉伸腿筋。保持拉伸时自然呼吸。每侧重复3～5次。

技术提示：
• 两次拉伸都是移动髋部而不是背部。
• 脊柱保持伸展。

进阶与调整：
• 弓步时，双手放在大腿前侧或高举过头顶，以加强拉伸。
• 腿筋拉伸时，如果前腿的后侧过于紧张，可让膝盖微微弯曲。
• 在膝盖下垫放折叠的毛巾或者卷起的垫子，以保持舒适。

注意：注意腿部肌肉和髋部肌肉的关系。运动时，观察受限位置。通过呼气缓解紧张。

平板支撑

　　平板支撑是很多融合训练的基础。在热身运动中保持良好的体式和呼吸，能够使身体为后续锻炼中板式体位的各种练习做好准备。

板式

起始姿势： 跪姿，双臂垂直于肩下。稳定肩部，收缩核心肌群，一条腿向后伸展，脚跟抬起，脚趾弯曲着地，平衡点放在跖球上，提起脚跟位于脚趾的正上方。另一条腿后撤，保持核心肌肉强劲，躯干中正对齐。脊柱中正且呈自然的S曲线，髋摆正。头部与脊柱对齐。手臂垂直于肩下，肩胛骨向后拉，胸部展开。双手展开铺在地板上，中指指向正前方，拇指相对，指向中间。

动作： 双手平放在地板上，让手臂上的力量带到肩胛带上。胸部展开，将肩胛骨朝背部中间收拢。保持上半身用力，轻轻地将腹部深层肌肉向脊柱收缩。稳定腿部肌肉，将盆底肌和下腹部肌肉向上提升，参与深层核心肌群发力（见上图）。

体位： 脊柱保持中正位置，全身从头至脚呈一条直线。

呼吸： 使用3D呼吸技术激活核心肌群。呼气时，腹部肌肉内收并提升，增加腹腔压力。吸气，以在动作中保持力量，坚持10～30秒。

技术提示：

• 轻收下巴，使后颈部拉伸，与脊柱呈一条直线。
• 保持手臂垂直，避免背部拱起。
• 维持脊柱、臀部和头部的体位。
• 避免臀部拱起或下坠，造成腰背过度弯曲。
• 手指分开并铺平以分散身体重量。
• 让上背部肌肉和核心肌肉参与受力，减少手腕上的压力。
• 保持腿部肌肉紧绷以支撑骨盆的重量。
• 在不改变脊柱位置的情况下，将腹部肌肉拉向脊柱。

进阶与调整：

• 可弯曲膝盖甚至触地以减小强度。
• 为了缓解手腕的不适，可以用前臂撑地。

注意： 在这个运动中，练习使用融合3D呼吸技术以带给你更多力量。

下犬式

a

b

起始姿势： 以前述板式起始，双臂垂直位于双肩下方，腿向后伸直，两脚与髋同宽（见图 a）。身体呈一条直线。

动作： 从板式开始，向后拉伸并抬高臀部，胸部靠近大腿，呈一个倒 V 姿势（见图 b）。在倒 V 的顶部，手臂伸直，肩胛骨后收以打开胸廓，脚跟下压，尽可能地贴紧地板。眼睛看向大腿，使头和颈部保持中立对齐。继续向后推送股骨，抬高尾骨，展开胸廓的同时，保持脊柱伸直。

体位： 把身体重心放到腿上，避免上背部拱起或将重心压在手腕上。

呼吸： 吸气时将臀部抬到最高；呼气时将脚跟压向地面。以自然呼吸配合动作，随后保持 3 ～ 5 次深呼吸。

技术提示：

· 为了减轻手腕上的重量，抬起臀部，把腿向后拉。

· 始终激活并收缩腿部肌肉，感觉到骨骼被紧紧包裹。

· 保持手臂的充分伸展和胸廓的展开，比脚跟触地更为重要。

进阶与调整：

· 为了缓解手腕的不适，抬起手掌，五指尽力张开，轻轻按压每个手指根部的掌丘（位于手掌上连接手指的地方）。

· 为了减轻手腕的不适，可用前臂支撑在地板上。如果双腿后侧过于紧张，可以微微弯曲膝盖。

注意： 这个练习需要兼顾力量和柔韧性。练习中注意体会伸展和力量。

站 姿

在融合训练热身阶段的站姿练习让你有机会站立触地，感知双脚的位置和腿部肌肉被激活。热身运动中的站姿是融合训练中所有站立动作的基础。

站位体前屈

a   b

起始姿势： 借助于腿部腘绳肌群的延展性，双手平放在地板或大腿上，支撑你的上半身。双脚平行分开与肩同宽（见图 a），脚尖向前。

动作： 轻轻伸直双腿，抬起臀部，头顶朝下，下巴稍稍内收。每个脚掌的四个支撑点均匀压向地面，抬高臀部，躯干下探（见图 b）。

体位： 保持腿部激活，充分拉伸胸腔和脊柱。

呼吸： 吸气时提臀，伴随呼气上身折叠压向腿部。保持姿势时采用自然呼吸。再次吸气时胸腔微抬，从臀部延展脊柱。再次呼气，屈体拉伸。保持 10～30 秒。

技术提示：

· 把手放在地板或大腿上以支撑上身。

· 让尾骨朝向天花板。

进阶与调整：

· 如果腿部后侧过于紧张，可以微微弯曲膝盖。

· 如果前屈时感到头晕，可将双手搭放在椅背上，以保持头部位置高于心脏。

注意： 专注深长呼气，以此来辅助拉伸。不要屏住呼吸。

举臂山式

起始姿势： 直立站姿，双脚并拢或略微分开，双臂悬于体侧。肩膀放松下沉，远离耳朵，稍外旋打开胸廓。头部位于脊柱正上方，鼻尖向前，目视前方，下颌微收。

动作： 把手臂从体侧举起，高举过头顶（见右图），再落回体侧。

体位： 举臂过头顶时，保持双肩放松，远离耳朵。

呼吸： 举起手臂时吸气，放下手臂时呼气。重复 3 ~ 5 次。

技术提示：

• 举臂过头时双肩放松下沉。

• 脊柱和骨盆中立对齐。

进阶与调整：

• 如果肩膀紧张，可稍屈肘部，手臂保持在头部前上方。

• 双臂落于体侧，或者放在胸前做祈祷式。

注意： 山式是所有站姿练习的基础。把注意力集中在双脚，均匀压向地面，从而产生一种沿着脊柱提升的感觉。把注意力集中在塑造一个挺拔姿态上，从头到脚拉伸身体。

侧弯山式

起始姿势：直立站姿，双脚并拢或略微分开，双臂悬于体侧。肩膀放松下沉，远离耳朵，稍外旋打开胸廓。头部位于脊柱正上方，鼻尖向前，目视前方，下颌微收。

动作：伸出手臂，举过头顶，掌心相对，手臂带动上身弯向一侧（见右图）。回到直立状态。

体位：手臂举过头顶时，保持双肩放松，远离耳朵。

呼吸：举起手臂时吸气，侧弯呼气。吸气回到中间，呼气倒向另一侧。每侧重复 3 ～ 5 次。

技术提示：

· 举臂过头时双肩放松下沉，远离耳朵。

· 当向一侧弯曲时，上身保持挺拔，使动作水平延伸。不要向前或向后倾斜。

进阶与调整：

· 如果肩膀紧张，可以微微弯曲肘部，手臂保持在头部前上方。

· 双手合十举过头顶，以获得更大的伸展。

注意：侧弯会导致一侧身体紧张，注意双脚均匀用力踩压地板。

拜日式

　　融合拜日式衍生于传统瑜伽拜日式，融入其他动作并进行改良以供你选择最适合自己的版本。拜日式把运动和呼吸流畅地结合起来，三组拜日式动作挑战性递增。根据第三部分融合训练系统中描述的热身方式，来确定融合拜日式系列动作的重复次数。

融合拜日式系列 1

山式。

吸气，双臂举过头顶。

呼气，上身前屈，把双手放在小腿、双脚或者地板上；吸气，在前屈状态微抬胸腔延展脊柱。

呼气，上身折叠向腿部。

吸气起身，双臂举过头顶。

呼气，落于体侧。

融合拜日式系列 2

山式。

吸气，双臂举过头顶。

呼气，以臀部为轴向前折叠，双手放在小腿、脚或者地面上。

吸气微抬胸腔，从臀部到头部，延伸脊柱。

呼气，屈膝，双手撑地，双腿后撤到板式；吸气，保持体式。

呼气，抬高臀部到下犬式（或婴儿式）。保持这个动作，做深呼吸 5 次。

吸气时收回双腿到双手中间。呼气时上身向下折叠，胸腔压向双腿。

吸气起身，双臂举过头顶。

呼气，双臂落于体侧。

融合拜日式系列 3

山式。

吸气，双臂举过头顶。

呼气，以臀部为轴向前屈体，双手放在小腿、脚或者地面上；吸气时延展脊柱。

呼气，膝盖弯曲，双手撑地。一只脚后撤，身体放低呈低位弓步。吸气，保持体式。

呼气，退后一步到板式。吸气，保持体式。

吸气，另外一只脚向前边到低位弓步，并保持体式。

呼气，退后一步到板式。吸气，保持体式。

呼气，提起臀部到下犬式（或婴儿式）。保持深呼吸 5 次。

吸气，双脚走或跳到双手中间。呼气，身体折叠向双腿。

47

吸气起身到站姿，双臂举过头顶。

呼气，双臂落于体侧。

5

站姿力量、平衡性和灵活性练习

　　本章中的练习旨在整合核心训练，同时增强下半身的力量、平衡性和灵活性。站姿练习通过专注于适当的体位和姿态来打造腿部、臀部、背部和腹部的肌肉，因为这些练习针对身体上最大块的肌肉，锻炼的强度大，热量消耗高。如果你的目标是改变体成分，那么可在你的训练计划中添加更多本章中介绍的练习。

　　站姿训练根据相似的基础动作模式分类，基础动作使用其他训练中常见的体式或练习方法。例如，蹲式是一个基本的健身动作，跟瑜伽中的幻椅式或把杆运动中的提踵蹲式类似。一旦掌握了基础运动中的体式和技术，你就可以在所有训练中的同类动作形式中使用相似的技术。以这种方式分组练习让你只需稍微调整身体姿势，便能轻松地从一个练习转换到下一个练习。这不仅大大提高了训练效率，还有助于掌握动作技术。在基础动作中有多种练习项目可供选择，使用融合力法混搭同类练习，你能够很容易地在练习之间转换，为你的训练改变强度，带来新意。

基础练习

蹲式

a

b

起始姿势：笔直站立，两脚分开，约与肩同宽，脚尖向前（见图 a）。双膝对齐双脚中线，不要超过跖球。脊柱中立，与头部呈一直线。目视前方，下颌微收。双肩放松下沉，远离耳朵，双臂垂于身体两侧。将肩胛骨向背部中央聚拢，展开胸廓。

动作：下蹲时，保持脊柱在中立位置并且伸展，双膝、臀部和脚踝弯曲，以降低躯干，直到大腿与地板平行或略呈一个小角度（见图 b）。提起盆底和下腹部肌肉，参与激活核心肌群。下蹲时，躯干会自然地以髋部为轴前倾。双脚铺平压向地面，稳定身体。蹲下去时，手臂向前伸；站起来时，双臂落在身体两侧。

体位：做下蹲动作时，保持脊柱和躯干伸展，膝盖对齐双脚的中心，避免向内或向外倾斜。

呼吸：吸气，下蹲；呼气站起身，保持骨盆、脊柱和肩胛带中立对齐。重复8 ～ 15 次。

技术提示：

· 力量均匀分布于双脚的跖球和脚跟。

· 下蹲时，保持膝盖与脚心对齐，防止膝盖向内或向外倾斜。

· 下蹲时，髋部折叠或者臀部后坐。

· 整个动作过程中，胸腔和脊柱保持伸展。

· 双肩放松下沉，远离双耳。

· 头部与脊柱保持中立对齐。

进阶与调整：

· 为提高运动强度，可延长深蹲时间。

· 通过蹲得更深一些增大动作幅度。

· 蹲得浅一些可以降低动作强度。

注意：在这个具有挑战性的练习中，控制呼吸以获得力量。深吸气蹲下；呼气时站起身。

提踵蹲式

a

b

起始姿势：笔直站立，两脚分开，约与肩同宽，脚尖向前。双膝对齐双脚中线，不要超过跖球。脊柱中立，与头部呈一条直线。目视前方，下颌微收。双肩放松下沉，远离耳朵，双臂垂于身体两侧。将肩胛骨向背部中央聚拢，展开胸廓。

动作：深蹲到底（见图 a）；提起脚跟，用双脚跖球保持平衡（见图 b）。脚跟落下，身体站直。提起和落下脚跟时，双臂向前平伸以保持平衡。

体位：蹲下和起落脚跟时，膝盖与脚趾对齐。重心放在跖球上。避免扭伤脚踝。

呼吸：呼气，下蹲，抬起脚跟时吸气，落下脚跟时呼气，起身时吸气。重复5 ～ 10 次。

进阶与调整：

· 如果要增加强度，深蹲到底并保持住，然后脚跟起落3 ～ 5 次。

· 可以扶住椅背来帮助保持平衡。

注意：用有力的呼吸来帮助你完成这个有挑战性的练习。把视线集中在一个点上，以协助平衡。

幻椅式

起始姿势：站姿，双脚并拢或与肩同宽。

动作：最大幅度深蹲，双臂举过头顶，与耳朵平行（见上图）。

体位：保持脊柱中立对齐，打开胸腔，双肩放松下沉，远离耳朵。

呼吸：蹲下时呼气，举起手臂时吸气，坚持3～5个呼吸，然后站起身。

进阶与调整：

• 双脚并拢对平衡能力要求更高。

• 双脚分开与髋同宽，可以降低平衡的难度。

• 保持这个姿势5个呼吸以上，以增加锻炼强度。

• 提高臀部的位置，可以降低难度。

注意：关注核心肌肉群，尤其是腹部肌肉。有意识地提起腹壁，远离大腿，支撑腰部。

扭转椅式

a

b

起始姿势：站姿，双脚并拢或与肩同宽。

动作：最大幅度深蹲，双手合掌放在胸前做祈祷式（见图 a）。保持臀部周正，双膝对齐。上身扭转向一侧，让肘部越过对侧大腿，保持掌心相对，两小臂呈一条直线（见图 b）。

体位：转体到对侧时，保持体重均匀分布在双脚上，双膝对齐。

呼吸：呼气时下蹲，吸气时抬起手臂到祈祷式。扭身到对侧时呼气。保持 3 ~ 5 个呼吸。吸气时转身回到中间，呼气时站起来。在另一侧重复这个练习。

进阶与调整：

• 双脚并拢对平衡能力要求更高。

• 双脚分开与髋同宽，可以降低平衡的难度。

• 为了增加强度，可以保持扭转体式呼吸 5 次以上。

• 提高臀部可以降低一些难度。

注意：转体时，悠长而缓慢的呼气可以缓和身体和大脑的紧张。保持姿势时，平静心态。

单腿蹲式

a   b

起始姿势：站姿，以单脚着地，抬起另外一只脚，保持单腿平衡（见图 a）。

动作：保持单腿抬起，弯曲支撑腿的膝盖，臀部下蹲（见图 b），保持单腿平衡。

体位：下蹲时，膝盖中正且高于脚，身体重心放在臀部。

呼吸：下蹲时呼气，深蹲到底时吸气，呼气起身。双腿轮流支撑，每侧重复 5 ～ 8 次。

进阶与调整：

• 增加动作重复数次或者加深下蹲动作幅度可以提高难度。

• 把双手放在椅背上或者扶墙，有利于保持平衡。

注意：注意力集中在支撑脚，想象你的脚植根于地板，为这个平衡练习提供更坚实的基础。

屈膝蹲式

a   b

起始姿势：一只脚踩实地板，对侧腿提膝抬起，单腿保持平衡（见图 a）。

动作：保持单脚抬起的姿势，然后下蹲，抬起的那条腿在身后交叉斜放，以脚趾着地（见图 b）。上身保持站立平衡姿势。

体位：交叉腿屈膝的时候，保持肩部和髋部中正朝前。前侧腿的膝盖与脚掌中线对齐。

呼吸：下蹲时呼气，深蹲到底时吸气，起身时呼气。每侧重复 5 ～ 15 次。

进阶与调整：

• 增加动作重复次数或者加深下蹲动作幅度可以增加难度。

• 要想加大动作幅度或者加强核心肌肉训练，蹲下的时候增加一个上身的动作，双臂摆动到后腿的方向。

• 双手扶椅背或墙有利于保持平衡。

注意：这个练习对力量和平衡都有锻炼效果，所以请保持活跃的思维，用心感受动作的优雅之处。

芭蕾蹲式

a

b

起始姿势： 站姿，双脚分开，略宽于肩，髋部外旋，脚趾外展，双膝与脚尖对齐（见图 a）。骨盆处于中立位置，使胸腔位于髋部正上方。提起盆底肌肉和下腹部肌肉，向核心收缩。

动作： 降低到芭蕾蹲的位置，保持躯干和骨盆处于中立对齐状态，尾骨下沉（见图 b）。推直双腿以完全站直，避免膝盖超伸。

体位： 最大幅度深蹲时，膝盖不应超出脚趾。在脚的内侧和外侧边缘保持受力均匀。

呼吸： 吸气稳定核心，呼气到芭蕾蹲。保持深蹲时吸气，起身时呼气。重复8 ～ 15 个呼吸。

进阶与调整：

· 重复动作更多次数以增加练习强度。

· 手扶椅背，有助于保持平衡。

注意： 身体起伏时体会髋部的运动。保持髋部外旋与膝盖对齐。感受大脚趾踩实地板和大腿外旋时的感觉。

提踵芭蕾蹲式

a   b

起始姿势：站姿，双脚分开，略宽于肩，髋部外旋，脚趾外展，双膝与脚尖对齐（见图 a）。骨盆处于中立位置，使胸腔位于髋部正上方。提起盆底肌肉和下腹部肌肉，向核心收缩。

动作：降低到芭蕾蹲，保持躯干和骨盆处于中立对齐状态，尾骨下沉，提起脚跟（见图 b）。脚跟落下，脚掌推地起身并伸直双腿。

体位：最大幅度深蹲时，膝盖不应超出脚趾。在脚的内侧和外侧边缘保持受力均匀。

呼吸：吸气稳定核心，呼气下降至芭蕾蹲。吸气，提起脚跟；呼气，落下脚跟，并起身。重复 8 ～ 12 次呼吸。

进阶与调整：

· 增加动作重复次数，或者最大幅度深蹲时，反复提起脚跟以增加难度。

· 双手扶在椅背或者墙上，有助于保持平衡。

注意：当你抬起和落下脚跟时，体会来自核心的控制，并收紧盆底肌以更好地控制脚部的动作。

基础练习

弓步

a

b

起始姿势: 站姿,双脚分开,与髋同宽,膝盖对齐脚中线。保持脊柱中立对齐。肩膀放松下沉,远离耳朵,双肩稍外旋展开胸廓(见图 a)。

动作: 单腿向后迈一步,屈膝落向地板但不接触地面,前腿弯曲呈 90 度,膝盖位于脚腕正上方(见图 b)。骨盆和脊柱保持中立对齐,使胸腔保持在髋部正上方。双脚压向地板以起身时,收紧核心肌群,保持脊柱中立对齐。双臂伸向前方或侧平举以保持平衡。双腿伸直站立起来。

体位: 保持膝盖位于脚心正上方。保持脊柱中立对齐。肩膀放松下沉,远离耳朵,双肩稍外旋展开胸廓。

呼吸: 呼气起身,保持骨盆、脊柱和肩胛带中立对齐。吸气降低成弓式。每一侧都重复 8 ~ 15 次。

技术提示:

· 前脚的跖球和脚跟均衡受力。

· 在练习中,后侧脚跟提起,离开地板,位于跖球正上方。

· 保持膝盖在脚正上方对齐,避免膝盖内旋或外旋。

· 髋部应保持垂直向上或向下移动。

· 保持整个练习中胸腔上提,脊柱延展。

· 肩膀放松下沉,远离耳朵。

· 头部与脊柱保持中立对齐。

进阶与调整:

·通过改变动作起伏的频率,改变弓步的节奏:数 2 个数上下;数 4 个数上下;数 3 个数下降,数 1 个数站起;或者数 1 个数下降,数 3 个数站起。

· 起身前在弓步的低位增加一个静力过程(不动),保持数 2 ~ 8 个数的时间,并重复,可增加练习强度。

· 弓步时,站得高一些可以降低练习强度。

注意: 体会身体两侧动作的差异,观察是否受力不均或平衡能力不同?如果一侧力量较弱,则多花些时间在这侧练习,使两侧达到一致。

扭转弓步

a

b

c

起始姿势： 挺拔站姿，双脚分开，与髋同宽，膝盖对齐脚中线。保持脊柱中立对齐。肩膀放松下沉，远离耳朵，双肩稍外旋展开胸廓（见图 a）。

动作： 单腿向后迈一步，前膝弯曲略大于 90 度，膝盖位于脚踝正上方（见图 b）。保持后腿伸直，跖球着地，脚跟抬起。双手胸前合十呈祈祷姿势。躯干前倾与后侧腿成一直线，由臀部开始沿躯干扭转，直到头顶，对侧肘部越过前腿并放在大腿上（见图 c）。指尖指向前方，目光看向上侧肘关节所指方向。

体位： 后侧脚固定在地板上，通过后腿内旋开始扭转。沿胸腔到脊柱，直至肩膀，体会整个身体的扭转。

呼吸： 吸气躯干前倾；呼气，转身到扭转弓步。自然呼吸，释放无谓的紧张。每侧保持 3 ～ 5 个呼吸。

进阶与调整：

· 为了提高练习强度可降低臀部，前膝呈 90 度角。

· 为了加深扭转，可展开双臂，分别向地面和天花板方向延伸。

· 弓步时站得高一些可以降低练习强度。

· 如果觉得扭转过难，可以把支撑手放在大腿上，对侧手扶髋。

注意： 体会随着身体的扭转自由流畅地呼吸。如果呼吸受到限制，延展脊柱并打开胸腔。

新月弓步

a   b

起始姿势： 挺拔站姿，双脚分开与髋同宽，膝盖对齐脚中线。保持脊柱中立对齐。肩膀放松下沉，远离耳朵，双肩稍外旋展开胸廓（见图 a）。

动作： 单腿后退一步，前膝弯曲略大于 90 度以上。膝盖位于脚踝正上方。保持后腿伸直，跖球着地，脚跟提起。双臂平行且掌心相对，高举过头顶（见图 b）。收紧核心肌群，保持脊柱中立。

体位： 收缩核心肌群，保持骨盆和脊柱中立对齐，胸腔位于髋部正上方。

呼吸： 举臂过头顶时吸气，呼气时释放无谓的紧张。每侧保持呼吸 3 ～ 5 次。

进阶与调整：

· 为了提高练习强度可降低臀部，前膝呈 90 度角。

· 双臂伸向背后并交叉手指可增加上身拉伸。手臂伸直并向上抬起有助于展开肩部和胸腔。

· 弓步时，站得高一些可以降低练习强度。

· 把双手放在地板上，做低位弓步可加深延展。

· 双臂平伸向胸前，目光直视前方有助于更好地保持平衡。

注意： 注意髋部的位置保持在肩部以下。弓步时收腹，尾骨下沉，体会后腿髋关节前侧拉伸的增加。

战士 1

a   b

起始姿势：挺拔站姿，双脚分开，与髋同宽，膝盖对齐脚中线。保持脊柱中立对齐。肩膀放松下沉，远离耳朵，双肩稍外旋展开胸廓（见图 a）。

动作：单腿后退一步，前膝弯曲略大于 90 度，膝盖位于脚踝正上方。保持后腿伸直，后脚跖球着地，髋部外旋。脚跟向后落下，外侧边缘踩实地面，沿大腿将髋部向前方扭转。提起盆底肌肉和下腹部肌肉以收紧核心肌群，保持脊柱中立对齐。双臂平行且掌心相对，高举过头顶（见图 b）。

体位：后侧腿髋部和脚外旋，保持髋部和躯干向前。肩膀放松下沉，远离耳朵，稍外旋打开胸腔，双臂上举。

呼吸：手臂举过头顶时吸气；呼气，释放无谓的紧张。每侧保持 3 ～ 5 个呼吸。

进阶与调整：

• 如果髋部或背部感觉不适，将后脚向侧后方挪动，拓宽站立位置，有助于保持平衡。

• 弓步时，站得高一些可以降低练习强度。

注意：关注髋部的位置。弓步时收腹，尾骨下沉，体会后腿髋关节前侧拉伸的增加。

战士 2

a

b

起始姿势：挺拔站姿，双脚分开与髋同宽，膝盖对齐脚中线。保持脊柱中立对齐。肩膀放松下沉，远离耳朵，双肩稍微外旋展开胸廓（见图a）。

动作：单腿后退一步，前膝弯曲略大于90度，膝盖位于脚踝正上方。保持后腿伸直，髋部外旋，脚趾向外打开，与髋部呈90度角。后脚外侧边缘下压，内侧足弓上提。双臂举起，与双肩成直线，沿同侧腿展开（见图b）。目光看向前面手指方向。保持前腿的髋、膝和脚对齐。展开后侧髋部时，前侧髋部下沉。手臂延展，肩颈放松。

体位：保持前膝与前脚中心对齐。胫骨从膝盖到脚跟形成一条直线。胸腔保持在髋部中心正上方，骨盆处于中立对齐位置。

呼吸：伸出手臂时吸气；呼气放松，释放无谓的紧张。每侧保持3～5个呼吸。

进阶与调整：

- 为了增加练习的强度，降低臀部使前膝呈90度角。
- 弓步时，站得高一些可以降低练习强度。

注意：把注意力放在呼吸上。在这个有挑战性的练习中，使用3D呼吸法带给你力量。吸气，集中力量；呼气，释放多余的紧张。在力量和平静之间找到平衡。

反战士

a

b

起始姿势：挺拔站姿，双脚分开与髋同宽，膝盖对齐脚中线。保持脊柱中立对齐。肩膀放松下沉，远离耳朵，双肩稍外旋展开胸廓（见图 a）。

动作：单腿后退一步，前膝弯曲略大于 90 度，膝盖位于脚踝正上方。保持后腿伸直，髋部外旋，脚趾向外打开，与髋部呈 90 度角。后脚外侧边缘下压，内侧足弓上提。双臂举起，与双肩呈一条直线，沿同侧腿展开，目光看向前面的手指方向。保持前腿的髋、膝和脚对齐。展开后侧髋部时，前侧髋部下沉，做战士 2。前侧手臂举过头顶，后侧手臂向地板方向落下，触及后侧腿，充分伸展前侧腰部（见图 b）。

体位：保持前膝与前脚中心对齐。胫骨从膝盖到脚跟形成一条直线。胸腔保持在髋部和骨盆中心位置正上方，中立对齐。

呼吸：伸出手臂时吸气；呼气，释放无谓的紧张。每侧保持 3 ~ 5 个呼吸。

进阶与调整：

· 为了增加练习的强度，降低臀部，使前膝呈 90 度角。

· 可把后侧手放在大腿上支撑背部。

· 弓步时，站得高一些可以降低练习强度。

· 流畅地在战士 2 和反战士之间转换。

注意：注意提起胸腔，使之远离髋部且不挤压背部，在躯干前侧创造空间。

侧角伸展

a

b

起始姿势：挺拔站姿，双脚分开，与髋同宽，膝盖对齐脚中线。保持脊柱中立对齐。肩膀放松下沉，远离耳朵，双肩稍外旋展开胸廓（见图 a）。

动作：单腿后退一步，前膝弯曲略大于 90 度，膝盖位于脚踝正上方。保持后腿伸直髋部外旋，脚趾向外打开与髋部呈 90 度角。后脚外侧边缘下压，内侧足弓上提。双臂举起，与双肩呈一条直线，沿同侧腿展开。胸腔向前侧倾，前臂弯曲，肘部搭在前侧大腿上。后侧手臂举过头顶，斜向前上方伸展。从后脚外侧边缘沿腿部、躯干、手臂和指尖，形成一条对角线（见图 b）。保持腰部拉伸、核心收紧，避免上身重量完全压在前腿上。抬头看向上侧手臂。

体位：保持前腿的髋、膝和脚在一个平面。展开后侧髋部时，前侧髋部下沉。手臂在头顶上方伸展，双肩放松。保持腰部拉伸，核心收紧，避免将上身全部重量压在前腿上。

呼吸：向前迈步时吸气启动体式，呼气时将前侧小臂放在大腿上，后侧手臂伸过头顶。每侧保持 3 ～ 5 个呼吸。

进阶与调整：
- 为了增加运动强度，降低臀部使前膝呈 90 度角。
- 为了增加拉伸，前侧手掌按放在脚内侧的地板上。
- 弓步的时候站高一些，可降低练习强度。
- 在反战士和侧角伸展之间流畅地切换。

注意：使用 3D 呼吸技术激活核心，释放无谓的紧张。

基础练习

单腿平衡

a

b

起始姿势：挺拔站姿，双脚并拢，或者分开与肩同宽，每个脚掌四个顶点均匀用力，踩实地面。收缩股四头肌，感觉向上提拉至骨盆（见图a）。肚脐向内收拉向膈肌，从而提升盆底并收缩腹部肌肉。提升胸腔，目视前方。下颌微收，使头部保持中立。

动作：双臂向两侧平举，以帮助平衡。脊柱保持中立和延展。单腿伸直，脚掌铺平牢牢踩实地面。对侧腿抬起，弯曲膝盖（见图b）。肩膀放松下沉，远离耳朵，稍后旋打开胸廓。

体位：注意保持挺拔站姿，从脚到头顶伸展拉长。抬起一条腿的同时，两侧髋部保持水平。

呼吸：吸气，抬腿保持平衡。单腿平衡伴随自然呼吸，每侧保持5～10个呼吸。

技术提示：

· 脚掌和脚跟均匀受力，踩压在地板上。
· 支撑腿伸直，保持膝盖与脚对齐。
· 两侧髋部保持一致，使骨盆保持水平，避免向一侧倾斜。
· 肩膀放松下沉，远离耳朵，提起胸腔。
· 保持目光柔和。

进阶与调整：

· 延长平衡时间，可提高锻炼强度。
· 双臂举过头顶，平衡难度增加。
· 双手放在髋部，感受到骨盆平衡。
· 降低和抬起腿部，增加对平衡的动态挑战。
· 双手扶在椅背或者墙上，有助于保持平衡。

注意：凝视一个定点可让思绪平静，以更好地保持平衡。若眼睛游移，心神不定，身体也会失去平衡。

侧平衡

a

b

起始姿势：挺拔站姿，双脚并拢，或者分开与肩同宽，每个脚掌四个顶点均匀用力，踩实地面。收缩股四头肌，感觉向上提拉至骨盆（见图 a）。肚脐向内收拉向膈肌，从而提升盆底并收缩腹部肌肉。提升胸腔，目视前方。下颌微收，使头部保持中立。注意保持挺拔站姿，从脚到头顶伸展拉长。

动作：保持双腿伸直，单脚牢牢踩实地面，抬起对侧脚，身体向支撑腿一侧倾斜（见图 b）。在倾斜体式保持平衡，双臂向两侧伸出，与双肩呈一条直线。

体位：支撑腿保持笔直，脊柱保持中立对齐。肩膀放松下沉，远离耳朵，稍外旋打开胸廓。身体向一侧倾斜时，保持双臂与双肩呈一条直线。

呼吸：吸气，抬腿保持平衡。呼气，向一侧倾斜。单腿平衡伴随自然呼吸，每侧保持 3 ～ 5 个呼吸。

进阶与调整：
· 延长平衡时间可提高锻炼强度。
· 双臂举过头顶，平衡难度增加。
· 重复降低和抬起悬空腿，增加对平衡的动态挑战，锻炼外侧髋部力量。
· 双手扶在椅背或者墙上，有助于保持平衡。

注意：想象你正站在前后两块玻璃之间，身体需要在一个平面内活动。

瑜伽

树式

a

b

76

起始姿势：挺拔站姿，双脚并拢，或者分开与肩同宽，每个脚掌四个顶点均匀用力，踩实地面。收缩股四头肌，感觉提拉至骨盆。肚脐向内收拉向膈肌，从而提升盆底并收缩腹部肌肉。提升胸腔，目视前方。下颌微收，使头部保持中立，双臂悬于体侧。注意保持挺拔站姿，从脚到头顶伸展拉长（见图 a）。

动作：单脚牢牢踩实地面，保持腿伸直。对侧腿抬起弯曲，向侧面打开髋部，将脚掌靠放在支撑腿的脚踝、小腿或大腿内侧（见图 b）。肩膀放松下沉，远离耳朵，稍外旋打开胸廓。保持髋部水平，避免在抬起腿部时扭转髋部和背部。

体位：支撑腿保持笔直，脊柱处于中立对齐位置。肩膀放松下沉，远离耳朵，双肩外旋，打开胸腔。抬起腿到树式时，保持髋部水平，避免扭转髋部和背部。

呼吸：吸气，抬腿到平衡状态。呼气，打开髋部，将脚掌放在支撑腿上。单腿平衡伴随自然呼吸，每侧保持 3 ～ 5 个呼吸。

进阶与调整：

· 延长平衡时间可提高锻炼强度。

· 双臂举过头顶，平衡难度增加。

· 双手扶在椅背或墙上，有助于保持平衡。

注意：专注于呼吸的节奏。每次呼气时，支撑脚更加牢固地踩实地面。每次吸气时，打造一种从脚到头顶提升的感觉。

战士 3

a

b

c

起始姿势：挺拔站姿，双脚并拢，或者分开与肩同宽，每个脚掌四个顶点均匀用力踩实地面。收缩股四头肌，感觉向上提拉至骨盆（见图 a）。肚脐向内收拉向膈肌，从而提升盆底并收缩腹部肌肉。提升胸腔，目视前方。下颌微收，使头部保持中立，双臂悬于两侧。保持注意挺拔站姿，从脚到头顶伸展拉长（见图 a）。

动作：手臂侧平举，与肩同高。单腿支撑稳定重心，身体前倾，悬空腿伸直向后抬起。躯干、头部和抬起的腿部成直线，与支撑腿呈 T 形（见图 b）。

体位：支撑腿保持笔直，脊柱处于中立位，头部与背部呈直线。肩膀放松下沉，远离耳朵，胸腔打开。上身尽量前倾，使头部与悬空腿的脚趾呈一条直线。保持两侧髋部水平并互相对齐。

呼吸：以髋关节为轴，抬起后腿，身体前倾时呼气。单腿平衡伴随自然呼吸，每侧保持 3 ~ 5 个呼吸。吸气，恢复站姿。

进阶与调整：
- 延长平衡时间可提高锻炼强度。
- 改变手臂的位置，双臂举过头顶，平衡难度增加（见图 c）。
- 双臂举过头顶，上下交替摆动做游泳动作，以增加对核心肌群的挑战。
- 支撑腿重复下蹲和站起，增加对平衡的挑战。
- 双手扶在椅背或者墙上，有助于保持平衡。

注意：平静内心，打消疑虑，用坚定的话语抚平混乱的思绪。

半月式

a

b

起始姿势：挺拔站姿，上身向前折叠，手指触地（见图 a）。脊柱中立对齐。

动作：单手指尖在脚前约与躯干等长的位置触地，同侧腿保持笔直，对侧腿向后抬起，直到与地板平行。打开髋关节，脚趾指向体侧，同时保持脊柱中立对齐（见图 b）。另一只手放在臀部，或者笔直伸向天花板，同时打开胸腔。悬空腿保持活跃，稍微弯曲脚踝，脚跟向后蹬。

体位：支撑腿伸直，脊柱保持中立对齐。打开胸腔。

呼吸：吸气，将腿抬起，保持平衡。呼气，伸展双腿。单腿平衡伴随自然呼吸，每侧保持 3 ～ 5 个呼吸。

进阶与调整：

· 延长平衡时间可提高锻炼强度。

· 支撑腿重复下蹲和站起，增加对平衡的挑战。

· 目光看向地板有助于平衡，看向伸展的手臂则会增加平衡的难度。

· 将手扶在椅背或瑜伽砖上，以帮助保持平衡和对齐。

注意：单腿稳定，相信自己。

6

地面力量、平衡性和灵活性练习

　　地面融合训练在整合核心练习的同时，在身体上部和下部分别构建力量、平衡性和灵活性。这一训练通过专注于适当的体式和姿态来塑造手臂、腿部、臀部、背部和腹部的肌肉。

　　本章的练习根据运动模式分组，从基础动作开始构建。如上一章中所述，基础动作使用在其他练习中常见的体式或动作。例如，板式是俯卧撑和许多基于普拉提运动的练习基础。一旦掌握了基础练习所需的姿势、动作和技术，就可以将其应用于其他使用类似运动模式的练习。在融合训练过程中，以这种方式对运动进行分组，只需对身体位置进行细微调整，便可以轻松地从一个动作转换到另一个动作中去。这不仅更有效率，还有助于练习者更好地掌握运动技巧。基础练习有很多项目供选择。使用融合方法，可以轻松混搭不同组别的练习，在动作间流畅切换，从而改变练习强度并带来新花样。

基础练习

板式

起始姿势： 跪姿，双手放于肩下，双肩平稳，收缩核心肌肉，一条腿向后伸直，脚趾弯曲，脚掌跖球保持平衡，脚跟提起与脚趾对齐。对侧腿也向后伸直，保持核心肌肉发力，躯干中立对齐。脊柱略呈曲线，与臀部及头部中立对齐。手臂在肩下与地面垂直，肩胛骨略外旋，展开胸腔。手掌平铺在地板上，将中指指向正前方，拇指相对。

动作： 双手压住地板，让手臂上的力量传递到肩胛带上。扩展胸腔，将肩胛骨拉向背部中线。保持上半身收紧，舒缓地将深腹部肌肉拉向脊柱。收缩腿部肌肉，提起盆底和下腹部肌肉，激活深层核心肌群（见上图）。

体位： 脊柱保持中立，与头部对齐，整个身体呈一条直线。

呼吸： 使用 3D 呼吸技术激活核心肌肉。提起腹部肌肉时呼气，使腹部深层收紧。吸气以维持力量。保持动作 5 ～ 15 个呼吸。

技术提示：

- 下颌微收，头部和脊柱呈一条直线。
- 保持手臂垂直，避免上背部弯曲。
- 保持脊柱、臀部和头部对齐。
- 避免臀部抬起或下坠，使得腰部过度弯曲。
- 手指伸展铺平，把重量分散开来。
- 保持上背部和核心肌群收紧，以减轻腕部压力。
- 保持腿部肌肉收紧，以支撑骨盆的重量。
- 固定脊柱位置，将腹部肌肉拉向脊柱。

进阶与调整：

- 为了降低强度，让膝盖弯曲触地。
- 将前臂放在地板上以缓解手腕不适。

注意： 将注意力放在通过强有力的呼吸来锻炼核心肌肉上，以获得力量和耐力。

单腿板式

a

b

起始姿势：板式，脊柱保持中立，腰部呈自然弧度，臀部和头部与脊柱呈一条直线。手臂在肩下与地面垂直，肩胛骨略外旋，展开胸腔。手掌平铺在地板上，将中指指向正前方，拇指相对（见图 a）。

动作：保持完美的平板对齐，将一条腿伸直，抬至臀部的高度，脚踝放松，脚掌与小腿垂直（见图 b）。脚重复抬起和放下时，保持对侧脚跟抬起、脚趾弯曲支撑地面。

体位：头部与脊柱处于中立对齐位置，整个身体呈一条直线。

呼吸：抬腿时吸气，弯曲脚踝时呼气。勾起脚趾时吸气，腿下落时呼气。每侧重复 5 ~ 10 次。

进阶与调整：

· 为了增加强度，将悬空腿屈膝呈 90 度角，将大腿内侧夹在一起。弯曲膝盖时吸气，提起膝盖时呼气，再次吸气时降低膝盖，回到板式，重复对侧。

· 用前臂撑地，以缓解手腕不适。

注意：想象骨盆后侧平稳放置了一个玻璃盘，从一条腿切换到另一条腿时，需要防止这个玻璃盘掉下来。

普拉提

提膝系列

a

b

c

d

起始姿势：板式，脊柱保持中立对齐，腰部呈自然弧度，臀部、头部与脊柱呈一条直线。手臂在肩下与地面垂直，肩胛骨略外旋，展开胸腔。手掌平铺在地板上，将中指指向正前方，拇指相对（见图 a）。

动作：在平板姿势，抬起一条腿到臀部高度，弯曲膝盖，使膝盖靠近胸部，同时保持脊柱中立对齐（见图 b），随后腿向后拉伸，回到平板状态。重复提起膝盖靠近对侧肘部（见图 c），并回到板式。最后，提起膝盖靠近身体同侧的肘部（见图 d），再回到板式。对侧重复动作系列。

体位：在平板状态中，脊柱保持中立状态。头部与脊柱对齐，呈一条直线。

呼吸：抬腿时吸气，屈腿时呼气，腿部回到平板位置时吸气。每侧重复6次。

进阶与调整：

• 如需降低强度，可使膝盖触地，以膝盖手掌四点呈桌面式。单膝提起屈膝，然后向后伸直延展。

• 如需降低强度，每次练习提膝一次，每次动作变化前休息一下。

• 在三次屈膝变化的间隔，保持腿部提起而不回到板式可降低挑战难度。

注意：这个练习需要强大的毅力，相信自己能够完成。

提髋板式

a

b

起始姿势： 板式。脊柱保持中立，腰部呈自然弧度，臀部、头部与脊柱呈一条直线。手臂在肩下与地面垂直，肩胛骨略外旋，展开胸腔。将手展开放在地板上，将中指指向正前方，拇指相对（见图 a）。

动作： 从平板姿势将臀部向上拱成一个峰，期间保持脚跟提起，腿伸直，脊柱中立，与手臂保持在一个平面（见图 b）。回到平板姿势，保持收紧核心肌群。

体位： 在板式，脊柱保持与头部中立对齐。整个身体呈一条直线。

呼吸： 臀部上提时吸气，回到平板姿势时呼气。呼吸缓慢、有力且坚决。动作重复 8 ～ 12 次。

进阶与调整：

· 为了提高难度，抬起一只手臂，提髋时向后摆动，回到平板位置时向前摆动。

· 将前臂放在地板上以缓解手腕不适。

注意： 呼吸和动作流畅配合。

平板降臀式

a

b

起始姿势：板式，脊柱保持中立，腰部呈自然弧度，臀部、头部与脊柱呈一条直线。手臂在肩下与地面垂直，肩胛骨略外旋展开胸腔。手掌平铺在地板上，将中指指向正前方，拇指相对（见图 a）。

动作：从平板姿势开始，侧身将臀部降低，靠向地板（见图 b），抬高臀部回到平板姿势。然后换另一侧重复动作。

体位：在板式，脊柱保持与头部中立对齐，整个身体呈一条直线。

呼吸：臀部下降时呼气，抬起时吸气，然后换另外一侧呼气。每侧重复 5 ～ 10 次呼吸。

进阶与调整：

· 为了降低难度，可让膝盖着地。

· 增加臀部的运动幅度可增加动作强度，即臀部向上抬到最高，降低时触及地面。

· 板式时将前臂放在地板上以缓解手腕不适。

注意：让身体在一个舒适的范围内运动。当信心和力量都足够强大时，扩大你的运动范围。

窄俯卧撑

a

b

起始姿势： 板式脊柱保持中立，腰部呈自然弧度，手掌平铺，臀部、头部与脊柱呈一条直线。手臂在肩下与地面垂直，肩胛骨略外旋展开胸腔。在地板上，将中指指向正前方，拇指相对（见图 a）。

动作： 从平板的位置，将重心向前移动到手臂上，上臂靠近胸腔，降低身体到俯卧撑位置（见图 b）。身体下降时保持核心肌肉收紧，降到双手之间然后推回到板式。

体位： 在板式，脊柱保持与头部中立对齐，整个身体呈一条直线。

呼吸： 使用融合 3D 呼吸技术稳定核心。降低身体到俯卧撑位置时吸气，回到板式时呼气。重复 5 ~ 10 次。

进阶与调整：

· 为了降低难度，可让膝盖触地。

· 在可以保持理想体式的范围内降低身体。俯卧撑位置下降越低，难度越大。

· 为了增加难度，可以抬起一条腿。

注意： 专注于保持强壮有力，在内心为自己的实力喝彩。

宽俯卧撑

a

b

起始姿势： 板式，脊柱保持中立，腰部呈自然弧度，臀部、头部与脊柱呈一条直线（见图a）。双手分开略宽于肩。肩胛骨稍外旋，展开胸腔。手掌打开压实地板。

动作： 微微向内旋转手指，降低到俯卧撑位置，使肘部可以舒服地向外弯曲（见图b）。保持收紧核心肌群，双手下压，然后推回到板式，保持脊柱中立对齐。

体位： 在平板姿势，脊柱保持与头部中立对齐，整个身体呈一条直线。

呼吸： 使用融合3D呼吸技术稳定核心。降低身体到俯卧撑位置时吸气，回到平板位置时呼气。重复5～10次。

进阶与调整：

· 为了降低难度，可让膝盖触地。

· 在可以保持理想体式的范围内降低身体。在取得一些进步后，再增加俯卧撑的深度。

· 为了增加难度，可以抬起一条腿。

注意： 专注于呼吸，以获得力量。

侧板式

a

b

起始姿势：板式，脊柱保持中立，腰部呈自然弧度，臀部、头部与脊柱呈一条直线。手臂在肩下与地面垂直，肩胛骨略外旋，展开胸腔。手掌平铺在地板上，将中指指向正前方，拇指相对（见图 a）。

动作：从板式起始，将一只手移至胸前保持支撑。侧身展开胸腔，举起对侧手臂，指向天花板。（见图 b）。

体位：身体从头顶到脚趾保持一条直线。

呼吸：移动手臂时吸气收紧核心。转身到侧板式时呼气。深呼吸，每侧体式保持呼吸 3 ～ 5 次。

进阶与调整：

• 将前臂放在地板上以缓解腕部不适。

• 侧板式时将双脚叠放可增加平衡难度。

• 侧板式时将上侧腿抬到臀部的高度，可增加对力量的挑战。

• 为了降低强度，可让下侧腿的膝盖弯曲着地。

注意：想象身体被夹在前后两片玻璃中间。

基础练习

桌面式

起始姿势：跪姿，双手位于肩下与地面垂直，五指展开。膝盖位于臀部正下方，大腿与地面垂直。头部、脊柱、骨盆及臀部呈中立对齐。

动作：稳定肩胛带，收缩核心肌肉以支撑脊柱并保持中立对齐。骨盆中立避免上提。肩部下沉，远离耳朵，稍外旋展开胸腔（见上图）。

体位：头部与脊柱对齐，下颌微收，头顶正对前方。

呼吸：吸气时双手和膝盖找准位置。呼气时收缩核心肌肉，在这个位置支撑脊柱。保持该动作 3 ～ 5 次呼吸。

技术提示：

- 手指充分展开下压以获得更好的支撑。
- 双臂伸直，肩胛骨收向后背中心。
- 激活深层核心肌群，将肚脐上提向脊柱方向。
- 保持膝盖与脚对齐，避免膝盖内收或外翻。

进阶与调整：

- 为了增加强度，可将膝盖抬离地板几厘米。
- 在膝盖下放置一个卷起的垫子增加舒适度。

注意：这个体式为更具挑战性的练习奠定了平衡和稳定的基础。关注核心肌群如何立体地工作，以及不同的练习怎样以不同方式激活核心来完成动作。

两点桌面式

起始姿势：跪姿，双手位于肩下与地面垂直，五指展开。膝盖位于臀部正下方，大腿与地面垂直（见图 a）。头部、脊柱、骨盆及臀部呈中立对齐。

动作：以桌面式开始，抬起一侧手臂指向前方，对侧腿抬起，向后蹬直（见图 b），手臂和腿抬起的时候，身体保持中立位置。

体位：保持脊柱中立对齐，避免臀部偏向一侧。抬起的手臂和腿应该沿脚跟到指尖呈一条直线。

呼吸：收缩核心肌肉时吸气。伸出手臂和腿时呼气。每侧保持呼吸 3 ～ 5 次。

进阶与调整：

· 为锻炼核心的不同位置，手臂和腿都向外侧伸展，形成对角线。

· 为了降低强度，可以只抬起手臂或者只抬起腿。

· 为了增加变化和强度，弯曲悬空腿的膝盖，收至体前与对侧手肘相触。

· 关注臀部和双腿。抬起一条腿，从前方跨越支撑腿，脚趾触碰地板。弓腿跨越并触地时避免扭曲脊柱保持中立对齐。

注意：关注并感受内部核心如何工作，以维持稳定，并抵抗重力。

基础练习

俯卧式

a

b

起始姿势：俯卧地面，胸部着地，腿伸直，从髋部到脚面铺在地板上，使身体从头顶到脚趾形成一条直线。将前臂舒适地放在地板上，掌心向下（见图 a）。

动作：收缩腿部的肌肉，使膝盖抬离地板，由臀部向后延展双腿。收缩深层腹部肌肉将肚脐上提向脊柱，并使耻骨轻轻压在地板上。微收下巴并微抬起头，使头与上背部对齐。鼻尖指向地板（见图 b）。

体位：头部与脊柱保持中立对齐，整个身体呈一条直线。

呼吸：提起膝盖时吸气，提起腹肌时呼气。自然呼吸并保持 3～5 次。

技术提示：

· 起始姿势时，脚背轻轻地压在地板上。

· 进行高阶练习时，保持腹壁提升的感觉。

进阶与调整：

· 如果在起始姿势很难保持头部中立对齐，可将一块叠好的毛巾垫在前额下。

· 为了增加强度，可在起始姿势将双手叠放在前额下。

注意：这个体式将加强身体后部（背部）所有肌肉的力量。通常，如果臀部和上背部肌肉力量薄弱，容易导致腰部受力加重，关注腹部肌肉有助于稳定腰部。

背部伸展

a

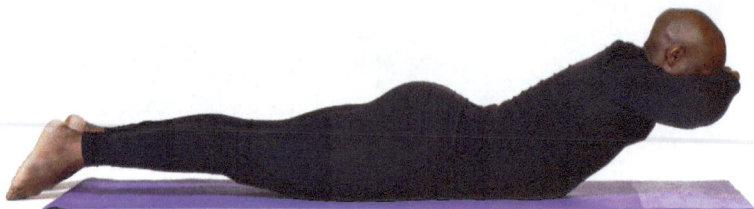

b

起始姿势： 俯卧在地板上，双手放在额前（见图 a）。

动作： 肚脐向上提向脊柱，并伸展上背部，使胸腔抬离地面（见图 b）。抬起头时，脚背压在地板上。保持腹肌收缩以支持背部。

体位： 保持头部与上背部中线对齐，拉长背部而不是努力抬高。

呼吸： 收缩腹肌时呼气，上身抬起时吸气，落下时呼气。重复 5 ～ 8 次。

进阶与调整：

• 拉伸到最高处后，保持几次呼吸，然后再放下。

• 手臂向前伸展可以增加强度。

• 前臂放在地板上有助于支撑背部伸展。

注意： 想象自己正在获得一个从头部到臀部的柔和起伏的曲线。

泳者

a

b

起始姿势： 从俯卧姿势开始。手臂向前举过头顶，双手分开，约与肩同宽，手掌向下（见图 a ）。

动作： 将上身抬起，做一个背部拉伸，腿部做低位髋关节伸展。抬起一只手臂和对侧腿（见图 b ）。在保持臀部和腰部稳定的基础上，手和腿同时下落，并切换抬起另一只手臂和对侧腿。两侧互相轮换形成游泳动作。

体位： 通过向上拉伸头部和向下拉伸脚，延展身体。保持腹部肌肉向脊柱方向提起。

呼吸： 抬起一侧手臂和对侧的腿时，吸气。两侧切换的时候呼气。两侧交换，每侧重复 6 ～ 12 次。

进阶与调整：
- 若要专注于上背部和上部核心的力量，可以只做手臂动作。
- 若要专注于下半身和下部核心的力量，可以只做腿部动作。
- 改变动作节奏来挑战核心的稳定性。

注意： 将髋前侧压到垫子上，以在手臂和腿部运动时保持稳定，专注于核心。

蛙式

a

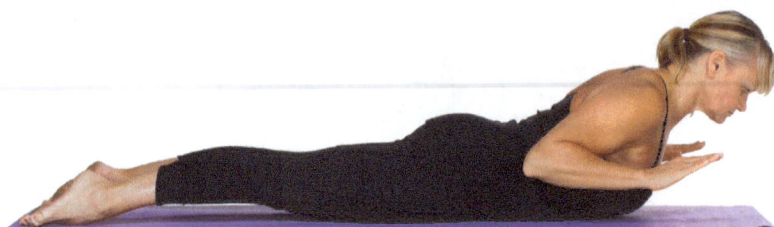

b

c

d

起始姿势：俯卧式起始，脚背压向地面。前臂放在胸腔两面的地板上（见图 a）。从上背部到腰部延展，并依靠肩部将双手从地板上提起（见图 b）。

动作：通过提起腹肌来稳定核心。激活腿部肌肉，使膝盖离开地板，脚背下压。向前伸出手臂，手掌朝下（见图 c）。抬高上背部并打开胸腔，将手臂向后划向身体两侧（见图 d）。然后回到起始俯卧式。

体位：通过向两个相反方向拉伸头和脚，使身体充分延展。保持腹部肌肉上提向脊柱。

呼吸：抬起胸腔时吸气，向前伸出手臂时呼气。吸气，将手臂向后拉回身体两侧。回到俯卧式时呼气。重复 5 ～ 10 次。

进阶与调整：

· 通过减慢或提高速度来改变运动节奏。

· 在每次重复之间休息一下，可以降低强度。

注意：想象自己正在游泳，让动作和呼吸保持流畅。

髋部伸展

a

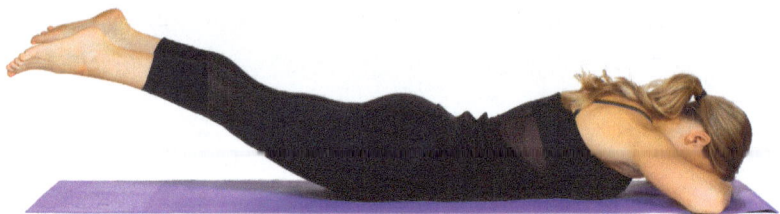

b

起始姿势： 俯卧式起始，双手放在额前，腿与髋部或者肩部同宽，双腿平行（见图 a）。

动作： 上身紧贴地板，双腿伸直从髋部上抬（见图 b）。从臀部向后拉长双腿，然后放下双腿，回到起始姿势。

体位： 通过向两个相反方向拉伸头和脚，使身体充分延展。保持腹部肌肉上提向脊柱，但不给颈部和肩部施压。支撑头部处于中立。

呼吸： 收缩核心肌肉时呼气，抬腿时吸气，腿下落时呼气。重复 5 ～ 8 次。

进阶与调整：

· 为了增加变化或者改变核心肌肉的运动方式，可以每次只抬起一条腿。

· 为了增加强度，可弯曲膝盖，让脚跟靠向臀部，然后伸直，保持双腿前侧抬离地面。重复弯曲和伸直动作几次，然后休息。

注意： 专注于提升腹部肌肉，给腰部创造空间感。

动态弓式

a

b

起始姿势： 从俯卧式开始，双膝弯曲，双臂向后从外侧握住脚踝（见图 a）。

动作： 通过收缩臀部肌肉和腘绳肌使大腿抬离地面。通过脚背和胫骨向后推使胸腔抬离地面（见图 b）。

体位： 降低到开始位置时，保持双手握住脚踝，帮助打开肩膀和胸腔，头部向上拉伸以延展上身。将腹部肌肉向脊柱提起以支撑腰部。

呼吸： 弓起的时候吸气。保持弓式 2 ～ 4 秒。呼气时降低。重复 3 ～ 5 次。

进阶与调整：

· 若要降低训练难度，可以做提起单侧手臂和腿的"半弓"练习，然后换另一侧。

· 单腿抬起，用手向后握住脚踝，然后换另一侧，控制节奏的动态练习。

注意： 利用腿部力量抬起胸部，腰部放松。

上犬式

a

b

起始姿势： 从俯卧式开始，双手放在胸腔两侧，手肘发力撑起上身（见图 a）。

动作： 收缩双腿肌肉使双膝抬离地面。保持腿部激活状态，胸部上提，上背部伸展。保持背部伸展，双手压住地板，推直手臂，把身体和腿撑离地面（见图 b）。

体位： 通过向两个相反方向拉伸头和脚，使身体充分延展。将腹肌提向脊柱，保持双腿稳固。身体从头部到臀部柔和伸展。手臂保持从肩部到手腕的垂直。

呼吸： 抬起到上犬式时吸气，保持 1～5 次呼吸，下降到起始姿势时呼气。

进阶与调整：

· 若要降低强度，可将髋部和腿放在地板上，并拉伸腰部，抬起胸部。

· 将前臂放在地板上会使动作更容易一些，此时抬起胸部对脊柱的拉伸较弱。

· 如果想减少对腰部的压力，弯曲脚趾，通过跖球支撑进行练习。

注意： 想象一下打开胸腔，在这个有力的瑜伽体式中将心脏上提的感觉。

基础练习

坐姿

起始姿势：沿坐骨中心坐正。双腿向前伸直，躯干挺立。骨盆处于中立位置，胸腔位于臀部正上方，头部在脊柱上方保持平衡，这就是处于中立对齐的体位。

动作：双手放在身体两侧，轻轻按压地板，帮助提起脊柱。提起盆底，向内向上将肚脐收向脊柱（见上图）。肩胛骨稍外旋，打开胸腔，双肩向后。下颌微收，头部向上挺直。收缩股四头肌，双腿后侧下压。

体位：从坐骨到头部，挺拔直立。

呼吸：收缩深层核心肌肉，保持高挺坐姿时呼气。自由呼吸5次。

技术提示：

· 腿部下压，以产生一个向上提起的感觉。

· 进行高阶练习时，保持腹壁提升的感觉。

进阶与调整：

· 坐在瑜伽垫卷或瑜伽砖上，保持骨盆中立对齐。

· 如果腿筋或腰紧张不适，可以微微弯曲膝盖。

注意：这个体式在坐姿状态下激活核心肌群。关注核心的巧妙运动，带你进入一个高挺的坐姿。注意区分挺拔坐姿与懒散姿态时呼吸的不同感受。

半伸臂起身

a   b

起始姿势： 挺拔坐姿，双膝弯曲，双脚放在地板上，分开与臀同宽。双臂向双肩前方平伸，掌心向下（见图 a）。双肩放松下沉，远离双耳。

动作： 通过旋转骨盆，向内收缩腹部肌肉，胸腔前部下沉来后卷身体。下颌微收，在下颌和胸部之间留下一拳的距离。在后卷中，由骨盆到中背部的脊柱构建一条柔和的曲线。继续回卷，直到腰部刚刚碰到地板（见图 b）。通过下拉胸腔的前部起身，卷起到高位坐姿。

体位： 脊柱从臀部到头部呈柔和的曲线。避免下颌收得太紧或者耸肩。

呼吸： 坐直的时候吸气。身体后卷时呼气。吸气保持。起身回高位坐姿时呼气。重复 6 ～ 12 次。

进阶与调整：

• 手扶住大腿后侧有助于支撑身体后卷和卷回坐姿。

• 做倾斜回卷的变化体式，将一只手臂向后摆，手掌上翻，稍微旋转到侧面并看向手的方向。卷起身后换另一侧重复动作。

注意： 专注于骨盆和脊柱的脊柱弯曲和伸展动作，避免在肩部和颈部产生压力。

全伸臂起身

a

b

起始姿势： 从高位坐姿开始，腿伸直，手臂由肩膀向前伸出，双手掌心相对（见图 a）。肩膀放松下沉，远离耳朵。

动作： 通过旋转骨盆，向内收缩腹部肌肉，胸腔前部下沉来后卷身体。下颌微收，在下颌和胸部之间留下一拳的距离，在后卷中，由骨盆到中背部的脊柱构建一条柔和的曲线。继续后卷直到躯干后侧轻轻地放在地板上，手臂上举过头顶（见图 b）。起身时，手臂越过胸部，收下巴，胸腔前部下沉。继续将胸腔移向髋部上方，回到高位坐姿。

体位： 后卷时脊柱从臀部到头部呈柔和的曲线。上卷的时候，收住下巴，并将上背部卷回到臀部上方。

呼吸： 吸气坐高，呼气后卷，吸气时手臂越过胸腔举过头顶，卷起到高位坐姿时呼气。重复 4 ~ 8 次。

进阶与调整：

· 弯曲膝盖，手扶住大腿后侧有助于支撑身体后卷和卷回坐姿。

· 为了增加变化和改变对核心肌肉的锻炼方式，环抱手臂举过头顶并由一侧卷回坐姿。

注意： 想象腿是固定在地板上的，只允许躯干前后滚动。

V 形坐

a

b

起始姿势： 从高位坐姿开始，双膝弯曲，双手扶在大腿后侧（见图 a）。

动作： 向后倾斜，以坐骨保持平衡，保持背部挺直，形成一个 V 形。将脚从地板上抬起，将双手从腿后挪开，沿肩部向前伸（见图 b）。

体位： 保持背部笔直。避免臀部滚动。

呼吸： 坐直的时候吸气，背部向后倾斜的时候呼气，吸气，保持。保持呼吸 4 ～ 8 次。

进阶与调整：

· 双手放在大腿后侧以支撑背部。

· 将手臂伸向天花板以增加挑战。

· 伸直双腿进行高阶练习。

· 为了增加变化或者改变对核心的锻炼方式，可伸直并交叉双腿。

· 可将前臂放在地板上支撑后背。

注意： 抬起胸腔，好像胸骨被绳子拉起来似的。

反桌面式

a

b

起始姿势：高位坐姿，双手放在身后地板上，距离身体约 15 厘米，手指指向臀部（见图 a）。

动作：固定双腿，大腿内侧夹紧。双手用力压住地板，臀部和双腿抬离地面，从头到脚构成一个反向板式（见图 b）手臂在肩下垂直地面。

体位：身体从脚到肩呈　条线。下颌微收支撑头部的重量。双臂在反向板式中处于垂直位置。

呼吸：坐姿时吸气。抬起身体做板式时呼气。吸气保持。落下时呼气。重复 6 ～ 10 次。

进阶与调整：

· 为了降低强度，可以屈膝到反桌面式。

· 为了提高肩部和胸部前侧的灵活性，可保持臀部在地板上，只做手臂作动。

注意：对自己耐心一点。下定决心并勤加练习，这个动作会变得更容易。

基础练习

侧卧式

起始姿势：侧身躺下，头、胸腔、脊柱和臀部处于中立对齐的状态，双腿伸直。下侧的手臂支撑头部，另一侧手臂自然放于同侧大腿上。

动作：将腰部从地板上提起，使胸腔和臀部在彼此顶部对齐（见上图）。这个练习能够锻炼核心肌群的前面、侧面和背面。

体位：脊柱处于中立位置，臀部和胸腔在彼此的最高点对齐。

呼吸：收缩核心肌肉，提起腰部时呼气，保持5个自然呼吸。

技术提示：

• 由胸腔到臀部底部带起。

• 用下侧手臂或者毛巾卷支撑头部，以避免颈部疲劳。

进阶与调整：

• 弯曲膝盖以减少臀部的不适。

• 弯曲下侧的膝盖，保持上侧腿伸直，以降低强度。

注意：这个体式锻炼支撑腰部的核心肌肉。在做这个练习时，注意力集中在沿臀部到肩部的躯干肌肉，关注它们是如何协同工作，使身体可以稳定运动。

侧抬腿式

a

b

起始姿势：由侧卧式开始（见图 a）。

动作：腰部抬起，身体呈一条直线，上侧的腿抬起，略高于臀部（见图 b）。

体位：身体从头部到脚趾呈一条直线，抬起腿减轻对臀部下方骨骼的压力时，身体略微后卷。

呼吸：抬腿时吸气，腿落下时呼气。每侧重复 8 ～ 12 次。

进阶与调整：

• 如需增加强度，可尝试抬起双腿。

• 下侧的腿弯曲，可以增加舒适度。

注意：动作不需要感到吃力，保持温柔而有力。

侧环腿式

a

b

起始姿势： 由侧卧式开始（见图 a）。

动作： 将上方腿抬到臀部高度，沿一个方向用腿画圈，保持髋部和躯干不动，身体呈直线（见图 b），向相反的方向画圈。随后换另一条腿重复这个动作序列。

体位： 身体从头部到脚趾呈一条直线，抬起腿减轻对臀部下方骨骼的压力时，身体略微后卷。

呼吸： 抬起一条腿，在画圈的前半部分吸气，后半部分呼气。每侧每个方向重复 10 次。

进阶与调整：

• 为了增加难度，可用前臂撑起侧板式。

• 挑战最高难度，可用手掌撑起侧板式。

注意： 想象自己用脚趾在空中画了一个完美的圆。

侧弯

a

b

起始姿势：从坐姿开始，交叉脚踝，一侧膝盖提起指向天花板。对侧手触地，手指展开，手臂从肩部以一个倾斜的角度向外伸直。另一只手掌心朝上，手腕搭在上方的膝盖上（见图 a）。

动作：身体由臀底部抬起至横向弯曲，在支撑臂上方。沿上方手臂越过头部，构成拱形，双腿伸直并拢沿身体侧弯（见图 b）。落下，回到起始姿势。

体位：由侧弯的顶部伸出，支撑手臂与地面垂直，腰部和臀部抬起，整个身体呈弓形。臀部和胸腔在最高点对齐。

呼吸：抬起时吸气，完成侧弯时呼气，保持侧弯时吸气，回到起始姿势时呼气。每侧重复 3～5 次。

进阶与调整：

• 如需降低强度，下侧膝盖弯曲放在地板上。

• 将前臂放在地板上以缓解腕部不适。

注意：想象身体的运动就像喷泉的水拱一样自然。

侧扭

a

b

c

d

起始姿势： 从坐姿开始，交叉脚踝，一侧膝盖提起指向天花板。对侧手触地，手指展开，手臂从肩部以一个前倾斜的角度向外伸直。另一只手掌心朝上，手腕搭在上方的膝盖（见图 a）。

动作： 身体由臀底部抬起至横向弯曲在支撑臂上，沿上方手臂越过头部，构成拱形，双腿伸直并拢侧弯时（见图 b）。上侧手臂向上举呈侧板式（见图 c），弯曲肘部，从躯干下方伸向对侧腿，同时将臀部提高（见图 d）。扭转起始于躯干上部，胸腔拉向对侧臀部，由手臂回到侧板式上举姿势，降低臀部回到起始姿势。

体位： 支撑臀由侧弯顶点伸出，垂直于地面。臀底部抬起，腰部收紧，身体呈拱形。臀部和胸腔在最高点对齐。

呼吸： 抬起时吸气。呼气，完成侧弯。举起手臂时吸气。扭转至臀部呼气。再次举起手臂吸气。落回到起始姿势时呼气。每侧重复 3 ~ 5 次。

进阶与调整：

• 如需降低强度，下侧膝盖弯曲。

• 将前臂放在地板上以缓解腕部的不适。

注意： 在呼吸和动作间创造一个和谐流动。

基础练习

腹肌支撑

a

b

　　起始姿势：仰卧式。脊柱和骨盆中立对齐，膝盖弯曲，脚放在地板上，与坐骨对齐。手臂平放在身体两侧地板上，掌心向下（见图 a）。

　　动作：颈后侧延伸，肩胛骨抵在胸腔后侧。保持肩胛骨下沉，弯曲胸椎，胸腔向骨盆方向移动，手臂平伸。收缩深层核心肌群，肚脐提向脊柱（见图 b）。

　　体位：当胸腔向髋部移动、肩膀平伸从地板上微抬时，臀部固定在地板上。

　　呼吸：吸气做准备，移动胸腔收缩核心肌肉时呼气。吸气保持，落下时呼气。重复 5～10 次。

　　技术提示：

　　• 将胸腔底部滑向臀部。

　　• 下颌微收。

　　进阶与调整：

　　• 练习腹肌支撑，保持头部平放在地板上，随肌肉收缩来练习调节呼吸节奏。

　　• 双手放在脑后以支撑颈部。

　　注意：腹肌支撑通过收缩深层核心肌群来产生内部压力，建立核心的力量和稳定性。进行高阶练习时，仍专注于从内部支撑核心的感觉。

抬腿桌面式

a

b

起始姿势：从腹肌支撑式起始（见图 a）。

动作：向髋部蜷曲肋骨来增加腹部肌肉的张力。肩膀抬离地板，保持下沉远离耳朵。当肋骨向髋部移动时，臀部保持固定在地板上。两腿分别抬起并拢，双腿在髋部和膝盖部都呈 90 度角。降低一条腿，脚趾触地（见图 b），随后抬回到桌面位置，重复另一条腿。腿下落时腹部肌肉支撑。

体位：抬高和落下双腿时，注意腹肌挤压和腰部过度伸展的倾向。

呼吸：吸气准备。收缩腹肌和向髋部滑动胸腔时呼气。腿下落时吸气，抬起时呼气。每侧重复 6 ～ 12 次。

进阶与调整：

· 起始时脚放在地板上，可以使练习更容易些。

· 同时落下双腿以增加难度。

· 改变交替抬腿的节奏可增加挑战难度。

注意：核心支撑时避免腰部下坠。要关注到在不影响腰部的情况下，有多少腹肌参与到训练中。

113

弯曲和伸展

a

b

c

起始姿势： 从腹肌支撑姿势开始。抬起双腿举到使髋部和膝盖呈 90 度，然后蜷曲，胸腔前部拉向髋部（见图 a）。

动作： 蜷曲上身，前侧肋骨拉向髋部，保持臀部固定在地板上。手掌相对，触及双膝（见图 b）。手臂高举过头顶，双腿沿对角线方向伸出（见图 c）。双臂环抱，蜷曲，回到起始姿势。

体位： 通过保持头部微抬，腹部肌肉上下拉伸，在整个练习中维持腹肌支撑姿势。

呼吸： 伸出手臂和腿时吸气，收缩核心肌肉呈桌面式时呼气。重复 5 ～ 10 次。

进阶与调整：

• 手和腿单独完成动作可以让练习更容易一些。

• 腿部拉伸时，落下时伸得更远一些可以增加难度。

• 如果颈部觉得不舒服，可以把头放在地板上。

• 通过改变节奏、放慢动作、缓慢而深长的呼吸，带来练习的变化。

注意： 整个练习过程中，注意保持躯干的稳定。

单腿拉伸

a

b

起始姿势： 从腹肌支撑姿势开始。抬起双腿使髋部和膝盖都呈 90 度，然后蜷曲，胸腔前部拉向髋部，保持臀部固定在地板上（见图 a）。

动作： 身体蜷曲，手臂沿身体向后伸直，下颌微收。单腿伸直再抬起（见图 b）。两腿交替。

体位： 在整个练习过程中，保持腹肌支撑姿势。避免臀部两侧摆动。

呼吸： 吸气支撑核心。呼气时伸出一条腿。吸气切换。每侧重复 8 ~ 12 次。

进阶与调整：

· 弯曲膝盖，脚趾触地可让练习更容易一些。

· 双手交叠放在脑后可增加难度。

· 通过改变动作的速度和交替双腿的节奏来增加练习的变化。

注意： 专注于核心肌肉的变化，保持动作姿势优雅。

交叉式

a

b

起始姿势： 从腹肌支撑式开始，双手放在脑后，下颌微收。抬起双腿使髋部和膝盖都呈 90 度角。蜷曲上身，前侧肋骨拉向髋部，保持臀部固定在地板上（见图 a）。

动作： 蜷缩起来时，肩膀抬离地板，保持下沉远离耳朵。单腿伸直的同时，将胸腔拉向对侧髋部，使上半身向弯曲的膝盖扭转（见图 b）。两侧切换。

体位： 在整个运动过程中保持腹肌支撑姿势。避免臀部两侧摆动。

呼吸： 吸气，支撑核心。呼气，伸出一条腿并旋转。吸气，回到中心。呼气，换另一条腿。每侧重复 8 ～ 12 次。

进阶与调整：

· 弯曲膝盖，脚趾触地可让练习更容易一些。

· 通过改变动作的速度和交替换双腿的节奏来增加练习的变化。

注意： 这个练习的重点在于核心连接而不是扭转。想象有一根由对侧纵横交错的核心肌肉纤维编成的弹力绳从胸腔底部拉向对侧臀部。

基础练习

肩桥式

a

b

起始姿势： 仰卧在地板上。脊柱和骨盆处于中立对齐状态，膝盖弯曲，双脚与坐骨对齐，小腿尽量与地面垂直。手臂放在身体两侧的地板上（见图 a）。

动作： 伸展颈后部，肩胛骨拉向背部中心。双脚压实地板，臀部上提直到肩胛骨，同时保持脊柱中立对齐（见图 b）。腘绳肌、臀肌和脊柱肌肉均匀发力。

体位： 抬起和降低臀部时，保持脊柱由肩胛骨到膝盖中立对齐。

呼吸： 准备时吸气，提臀到肩桥时呼气。吸气保持，落回时呼气。重复 8 ～ 12 次。

技术提示：

• 胸腔底部拉向髋部，以保持背部的中立位置。

• 下颌微收。

• 脚内侧边缘压实，保持膝盖与脚和臀部对齐。

进阶与调整：

• 为了增加强度，可将双臂上举向天花板。

• 臀部上提时，双腿与双脚一起向臀部移动，可以更多地锻炼大腿内侧。

• 到肩桥位置保持多次呼吸，增加练习的变化。

注意： 肩桥是加强身体背部肌肉、特别是臀肌和腘绳肌的理想运动。练习时，注意由臀部肌肉的起始动作，并在整个运动过程中保持激活状态。

抬腿肩桥式

a

b

起始姿势: 以肩桥式起始,脊柱和骨盆保持中立对齐,膝盖弯曲,双脚与坐骨对齐小腿与地面垂直。将手臂放在身体两侧的地板上。

动作: 伸展颈后部,把肩胛骨拉向背部中心。在屈膝位置向上抬起一条腿(见图 a)。支撑脚用力下压由臀部开始向上抬起,直到肩胛骨,同时保持脊柱中立对齐。腘绳肌、髋肌和脊柱肌肉均匀发力。保持腿上抬落下臀部。

体位: 抬起和落下臀部时,保持脊柱从肩胛骨到膝盖中立对齐。避免臀部向一侧倾斜。

呼吸: 吸气准备,呼气时抬起一条腿到肩桥式,吸气保持动作,呼气放下。每条腿重复 8 ~ 12 次。

进阶与调整:

· 为了增加强度,保持抬起的腿笔直(见图 b)。

· 为了增加核心的挑战,可在肩桥位置抬起腿,膝盖可弯曲或伸直。保持肩桥,降低和抬起腿 3 ~ 5 次,随后落下身体。

注意: 手放在臀部。抬起腿时能够感觉到臀部的移动。专注于在整个动作过程中,保持臀部水平。

外旋肩桥式

a

b

起始姿势：以肩桥式开始。脊柱和骨盆保持中立对齐，膝盖弯曲，双脚并拢，小腿与地面垂直。将手臂放在身体两侧的地板上（见图 a）。

动作：向两侧打开膝盖，使脚的外缘与地板接触。保持双腿的张力，双脚下压，将臀部抬起，进入肩桥姿势（见图 b）。

体位：保持脊柱中立对齐。在腘绳肌、臀肌和脊柱肌肉均匀发力。

呼吸：向两侧打开膝盖时吸气。抬起臀部到肩桥时呼气。吸气时保持动作。呼气落放下。重复 8 ～ 12 次。

进阶与调整：

· 要增加对大腿内侧的锻炼，可在大腿抬起时并拢，降低时打开。

· 改变动作节奏或者延长肩桥保持时间，可以增加锻炼的变化。

注意：让尾骨滑向脚跟方向，在腰背部创造空间。整个练习中沿身体后侧所有肌肉均匀发力。

7

平静和恢复练习

本章的练习用于训练后的平静和身体恢复。这是整个训练的重要组成部分，不应该被忽略。事实上，在身体冷却和恢复期间，通过将神经系统、心脏、肺、肌肉和激素带回正常水平来恢复生理系统平衡。类似家用恒温装置，机体具有维持正常功能所需理想的温度设定。在运动过程中，体内恒温器的温度上升。冷静过程中，身体又回到理想的温度设定。在恢复期间，身体进行修复、休整和重建，并感受到从训练中获得的生理收益。

开始平静和恢复性练习前，回想训练开始时所设定的意图。也许你的意图是每个练习多重复一次，另一个意图可能是更加专注于呼吸意识。现在回到你的意图，无须评价，只真实反映你的训练效果。

为了恢复的更加彻底，本章的练习根据运动意图分组。根据不同的意图选择练习，才能达到完美的恢复效果。

压力与体重增加

如果进行融合训练的目标之一是体重管理，那么了解精神焦虑和身体压力对体重的影响是非常重要的。如果身体像在运动中一样体验到良性压力（正压力）或像在焦虑中体验到负面负担（负压力）时，会释放出大量的激素来对抗它。当你进行身体训练时，这些激素给你更多的能量和力量。在训练的恢复阶段，这些激素水平会自然降低。如果可感知的压力没有恢复，这些激素就会保留在血液中，对身体进行摧残。两个副作用是增加释放到血液的胰岛素水平和增加脂肪储存（尤其是身体中部），身体会机智地将脂肪储存在下次需要时可以轻松找到的地方，这就是为什么配合身体更具挑战性的练习，你需要花时间做平静练习。许多营养师推荐恢复训练及深度呼吸配合进行体重管理。

体前屈

　　体前屈通常是平静的。躯干向前移动和胸腔前部的闭合会降低心率，减慢呼吸速率。进入和结束体前屈姿势时，关注身体的这种自然反应。

坐姿体前屈

起始姿势： 从坐姿开始，双腿并拢向前伸，双手放在臀部两侧的地板上。坐在坐骨的中央，沿脊柱到头顶抬起向上提拉。

动作： 保持挺拔姿态，以臀部为轴向前折叠，胸腔向前探，躯干在腿上方延伸。拉长颈部，保持肩部放松并稍外旋，以打开胸腔。用双手压向臀部两侧的地面来帮助髋部向前折叠，折叠到极限。让脊柱在腿上方弯曲，手臂前伸向脚的方向（见上图）。如果可以轻松够到自己的脚，则用手从外侧握住脚。以这个姿势放松。

体位： 以臀部为轴向前弯曲，脊柱保持拉长伸展。避免过度弯曲上背部或耸肩。

呼吸： 吸气时挺拔坐姿。向前折叠时呼气。自然呼吸放松。专注于呼气时释放无谓的紧张。保持动作 1 ～ 5 个深呼吸。

进阶与调整：

• 微微弯曲膝盖，放松腘绳肌。

• 坐在一个卷起的瑜伽垫或瑜伽砖上，抬高臀部，使前屈更容易。

• 手持瑜伽带绕过脚底，以加深伸展。

注意： 关注沿身体后侧的解剖学曲线。从脚底开始，经过腿的后侧，沿臀部和脊柱向上延伸到达头部。在体前屈体式中整个背部曲线被拉长。

分腿体前屈

起始姿势：从坐姿开始，双腿伸直并打开呈 V 形。膝盖骨向上，脚踝勾回，脚趾指向天花板。坐在坐骨中央，沿脊柱到头顶抬起向上提拉。将双手放在躯干前面的地板上。

动作：保持挺拔姿态，以臀部为轴向前折叠，躯干向前探，在双腿之间压向地板。双肩放松下沉，远离耳朵。保持胸腔展开。当躯干压向地板时，用双手支撑身体。折叠到极限时，脊柱略弯曲（见上图）。以这个姿势放松。

体位：做体前屈时，腿部保持在起始姿势，膝盖指向天花板。保持肩膀放松下沉，上背部拉长伸展。

呼吸：吸气时挺拔坐姿。向前折叠时呼气，释放无谓的紧张。保持动作 5 ~ 10 个深呼吸。

进阶与调整：

· 屈膝放松腘绳肌。

· 坐在一个卷起的瑜伽垫或瑜伽砖上，抬高臀部，使前屈更容易。

· 双手在臀部后面压向地板，辅助身体前屈。

注意：注意力集中在髋部的动作。前屈时，腿部保持静止，髋部围绕股骨旋转。体会提起坐骨使躯干向前移动的感觉。

盘腿体前屈

起始姿势： 从坐姿开始，脚踝交叉，髋部展开。坐在坐骨中央，沿脊柱到头顶向上提拉。

动作： 坐姿时，手臂举过头顶，从躯干开始向前折叠，直到双手放在地板上。脊柱形成一个微弯的曲线，充分伸展（见上图）。在这个位置放松。交叉腿位置交换，重复一次前屈动作。

体位： 向前折叠时，用双手支撑身体，避免颈部和上背部过于紧张。

呼吸： 吸气时挺拔坐姿。向前折叠时呼气。扩展胸腔背部时吸气，放松时呼气。每侧保持深呼吸 5 ～ 10 次。

进阶与调整：

· 坐在卷起的瑜伽垫或瑜伽砖上，抬高臀部，使展开髋部和前屈更容易。

· 在前屈位置，双手触地伸出一侧手臂够向对侧，沿躯干侧面和背面释放更大的张力。在另一侧重复该动作。

注意： 身体的许多部位会感受到这种拉伸。观察哪些部位感到紧张，便将呼吸引导到这些地方去。

小狗式

a

b

起始姿势：跪姿起始，膝盖落在臀部下方，大腿与地面垂直（见图 a）开始。

动作：两臂伸直分开并与肩同宽，向前伸展同时将胸腔压向地面，保持臀部高抬（见图 b）。在手臂向前移动、胸腔压向地面时，大腿始终保持与地面垂直。在这个位置放松。

体位：保持腹部深层肌肉收紧以支撑背部，避免脊柱过度拉伸。

呼吸：动作起始时吸气，胸部下压时呼气。保持呼吸 5 ～ 10 次。

进阶与调整：

· 在膝盖下放置一个卷起的垫子，以便更加舒适。

· 手肘弯曲，将前臂放在地板上，可减少肩部和背部的紧张。

注意：专注于深长而缓慢的呼吸节奏，以降低心率和平静身体。

扭 转

　　扭转体式深入核心，有益于强健躯体和器官肌肉，并柔软和释放脊柱。练习扭转体式倡导深长而彻底的呼吸，可消除运动中产生的副作用，洁净身体。

坐姿扭转

a

b

起始姿势: 以坐姿开始,双膝弯曲,双脚放在地板上(见图 a)。坐在坐骨中央,沿脊柱到头顶向上提拉。

动作: 一只手臂举过头顶拉伸同侧躯干,对侧手压向地面延展脊柱。保持脊柱伸长向对侧扭转,保持挺拔坐姿,胸腔靠近大腿。手臂落下,小臂越过对侧大腿外侧,目光看向后方(见图 b)。越过大腿的前侧手臂轻抵腿部以帮助扭转。慢慢松开并在对侧重复动作。

体位: 扭转向一侧时保持脊柱挺拔。手臂抵在腿上时,保持双腿位于身体中线上。

呼吸: 吸气时挺拔坐姿,扭转向一侧时呼气。自然呼吸。每侧保持呼吸 5 ~ 10 次。

进阶与调整:

· 在臀部下方放置一个卷起的垫子抬高臀部,以便更加舒适。

· 双腿倒向一侧,体验不同的坐姿扭转。

注意: 自然呼吸。如果呼吸变得吃力,则说明扭曲过度。

盘腿扭转

a

b

起始姿势： 从盘腿坐姿开始。双膝弯曲，一条腿折叠在另外一条腿下方（见图 a）。坐在坐骨中央，沿脊柱到头顶向上提拉。

动作： 一只手臂举过头顶拉伸同侧躯干对侧手压向地面延展脊柱。保持脊柱伸长向对侧扭转，保持挺拔坐姿，胸腔靠近大腿。手臂落下，小臂越过大腿外侧，目光看向侧面（见图 b）。越过大腿前侧的手臂抵住腿部以帮助扭转。慢慢回正并在对侧重复动作。

体位： 扭转向一侧时保持脊柱挺拔。将手臂抵在腿上时，避免大腿内倾。

呼吸： 吸气时挺拔坐姿，扭转向一侧时呼气。自然呼吸。每侧保持呼吸 5 ～ 10 次。

进阶与调整：

· 在臀部下方放置一个卷起的垫子，抬高臀部，以便更加舒适。

· 如果膝盖感到不适，一条腿伸出越过另一条腿，呈屈膝姿势。

注意： 扭转沿胸腔、上背部直至颈部，同时保持坐骨受力均匀。

跪姿扭转

a

b

起始姿势：臂垂于肩膀下，双膝分开，略宽于髋（见图 a）。

动作：将一只手放在身体中线的地板上。保持支撑臂伸直。躯干向对侧旋转时，对侧手臂向上高举（见图 b）。目光可以看向侧面或沿手臂看向上方。

体位：打开胸腔向一侧扭转时，保持大腿在垂直位置且支撑臂伸直。

呼吸：起始姿势吸气，伸出手臂扭转到一侧时呼气。自然呼吸，每侧保持呼吸 3～5 次。

进阶与调整：

· 跪在折叠的毛巾或卷起的垫子上以便更加舒适。

· 上侧手臂手掌朝上绕在背后代替上举，以降低动作难度。

注意：跪姿扭转充分打开胸腔。研究如何让呼吸更畅通地深入身体。

扭转低弓步

a

b

起始姿势：从弓式开始。前腿从膝盖到脚踝与地面垂直，后腿向后伸直，双手落在前脚两侧（见图 a）。

动作：将前腿对侧手放在前脚旁边，肩部正下方。从臀部后方开始扭转，沿脊柱直到头顶。扭转起始于臀部贯穿整个上身。同时将自由臂高举（见图 b）。目光可以看向侧面或沿手臂看向上方。

体位：扭转时，保持前侧腿的膝盖对准脚心，并保持脊柱延展。

呼吸：弓步拉长脊柱时吸气。扭转至一侧时呼气。自然地呼吸。保持每侧深呼吸 5 ～ 10 次。

进阶与调整：

· 为了降低拉伸强度，可将后侧腿的膝盖放在地板上。

· 在膝盖下方垫一个卷起的毛巾以便舒适。

· 上侧手臂手掌朝上绕在背后，以增加动作变化。

注意：打开胸腔，感受脊柱拉长。

穿针式

a

b

起始姿势： 从跪姿开始。手落在肩膀下方，双膝分开略宽于髋（见图 a）。

动作： 一只由躯干下方伸向对侧，手掌翻转向上。肩膀外缘触地，头部侧放在地板上（见图 b）。上身的重量压在肩外缘。目光看侧面或支撑手臂。

体位： 保持臀部抬起，大腿与地面垂直。由胸腔和中背部开始扭转。

呼吸： 提起手臂时吸气，由下方穿过并扭转到对侧时呼气。自然呼吸，每侧保持深呼吸 5 ～ 10 次。

进阶与调整：

· 跪在卷起的垫子上以更加舒适。

· 保持穿越手臂放在地板上，朝上的掌心翻转下压以增加扭转强度。

· 肩膀触地时举起对侧的手臂以加深扭转。

注意： 专注于吸气和呼气的均匀节奏。

仰卧扭转

a

b

　　起始姿势：仰卧式，双膝弯曲，脚放在地板上。双臂沿肩膀两侧打开，手掌向上（见图 a）。

　　动作：双腿并拢向一侧翻转，同时保持双肩着地（见图 b）。双腿回正，翻转向对侧。

　　体位：向一侧扭转的时候，保持肩胛骨放在地板上。

　　呼吸：吸气，准备；翻转到一侧，呼气；回正时，吸气；翻转到另外一侧呼气。自然呼吸，每侧保持呼吸 3 ~ 5 次。

　　进阶与调整：

　　• 为了增加拉伸，扭转向一侧时，上侧腿伸出，伴随扭转，脚落在髋前侧。

　　• 扭转向一侧时，将双脚从地板上提起。转向另一侧时，保持双脚离地。

　　注意：这个扭转拉伸的体式非常舒适，请尽情享受。

髋关节放松

紧绷的髋部限制了下身的动作幅度和舒适度，几乎影响到所有体式。髋部紧张会增加背部的压力，造成不适。打开髋关节，缓解紧张，能够消除积累的负面感受，带来能量。

低位弓步

a

b

起始姿势： 以跪姿开始，双手落在肩膀下方，膝盖位于臀部下方（见图 a）。

动作： 单脚迈步向前形成弓步，小腿与地面垂直。前腿的膝盖与脚踝对齐。后腿伸直或将膝盖放在地板上（见图 b）。

体位： 保持脊柱伸长，头部与脊柱呈一直线。当后侧膝关节从地板上提起时，收缩大腿前部的肌肉以支撑膝关节。

呼吸： 吸气，准备进入体式；弓步踏出时呼气。自然呼吸，每侧保持呼吸 3 ～ 5 次。

进阶与调整：

· 后侧膝盖下面放一个卷起的垫子以更加舒适。

· 双手放在前脚内侧可以加深拉伸。

· 后侧膝盖放在地板上，可以降低拉伸的强度。

· 弓步向前时，前脚放在肩膀外侧可以打开大腿内侧，同时拉伸髋屈肌。

· 手臂举过头顶，沿整个身体前部形成一个伸展。

注意： 这是一个针对髋部和腿前侧的深度伸展。缓慢地进入这个拉伸，获得更多的放松时间。

动态弓步臀部摆动

a

b

起始姿势：从弓式开始，前腿的膝盖与踝关节对齐，后腿膝盖着地（见图 a）。双手放在前脚的两侧。

动作：慢慢地将臀部向后移动，伸展前侧膝盖，躯干带动拉伸腘绳肌（见图 b）。屏气向前到弓步。保持弓步时呼吸，臀部向后摆动回到腘绳肌拉伸。

体位：向后摆动臀部、拉伸腘绳肌时，保持脊柱伸长。臀部提起时，大腿后侧延展，使腘绳肌拉伸。

呼吸：弓步时吸气，后摆拉伸腘绳肌时呼气。每侧前后摆动 3 ～ 5 次。

进阶与调整：

• 后侧膝盖下面可以放一个卷起的垫子以更加舒适。

• 弓步时，手臂举过头顶沿整个身体前部形成一个伸展。

• 弓步向前时，前脚放在肩膀外侧可以打开大腿内侧，同时拉伸髋屈肌。

注意：在呼吸和动作之间建立节奏，充分的吸气和呼气，帮助你在体式之间过渡。

鸽子式

a

b

起始姿势：以跪姿开始，双手落在肩膀下方，膝盖位于臀部下方（见图 a）。

动作：提起单一侧膝盖移向胸腔下方，脚折放在对侧髋部腹股勾前，髋关节外旋打开，使腿屈膝贴放在地板上。向后伸直另一条腿，降低髋部压近地面。双手放在前侧膝盖两侧支撑身体（见图 b）。

体位：骨盆后侧保持水平。避免扭向屈膝腿侧，给膝盖造成过度压力。

呼吸：提膝向前时吸气，呼气时下降到鸽子式，自然呼吸，每侧保持 3 ～ 5 次呼吸。

进阶与调整：

· 鸽子式，可将前臂放在地板上进行支撑。

· 如果臀部向一侧倾斜，在屈膝腿的臀部下垫一块瑜伽砖。

· 如果引起膝盖不适或疼痛，避免做它。

注意：体会臀部的深度伸展。实践自我意识，对自己诚实。若练习带来的不适感多于可能的获益，则放弃它。最重要的是，认可自己的决定。这便是正念。

蝴蝶坐

a

b

　　起始姿势： 从坐姿开始，双膝弯曲，双脚放在地板上。坐在坐骨中央，沿脊柱到头顶向上提拉（见图 a）。

　　动作： 保持挺拔坐姿，向外打开髋部，双膝外翻，双手放在脚踝上。脚掌相对，放在一起（见图 b）。

　　体位： 双脚的脚底对齐，双腿打开保持稳定地坐在坐骨的中央。

　　呼吸： 吸气伴随挺拔坐姿，打开腿时呼气，保持 3 ～ 5 个自然呼吸。

　　进阶与调整：

· 躯干略向前倾斜，用手臂轻压大腿，加深伸展。

· 坐在一个卷起的瑜伽垫或瑜伽砖上抬高臀部，以更加舒适。

　　注意： 这个练习可以在臀部和背部感受到拉伸。观察自己最紧张的地方，有意识地放松并伸展。

仰卧腿部拉伸

a

b

起始姿势： 从仰卧式开始，单腿屈膝抱在胸前，另一条腿伸直放在地板上。脚踝弯曲放松脚趾向上（见图 a）。

动作： 抓住弯曲腿的小腿后侧向上拉伸至最大程度，保持对侧腿伸直（见图 b）。上侧腿的脚跟蹬直。

体位： 理想情况下，双腿伸直；若腘绳肌很紧，可将下侧腿微曲放在地板上。肩膀和肩胛骨放在地板上。避免颈部和肩膀紧张。

呼吸： 吸气时将膝盖抱在胸前。呼气，将腿伸直拉伸。自然呼吸，每侧保持深呼吸 5 ～ 10 次。

进阶与调整：
· 使用瑜伽带绕过伸展腿的脚底，增加拉伸的舒适性。
· 为了增加变化，有节奏的动态弯曲和拉直腿部。

注意： 在这个拉伸体式中，脖子和肩膀很容易感到紧张。有意识的放松这两个部位，保持微笑。

仰卧内收肌拉伸

a

b

起始姿势：仰卧式开始，单腿伸直抬高，另一条腿伸直，放在地板上。踝关节放松绷住脚尖（见图 a）。

动作：扶住抬起的腿的内侧；保持腿部伸直，并将其压向身体外侧（见图 b）。

体位：在理想情况下，双腿伸直；但是，若腘绳肌很紧，可将拉伸腿微微弯曲保持另一条腿伸直放在地板上。肩膀和臀部放在地板上。避免颈部和肩膀紧张。

呼吸：动作起始时吸气；呼气，将腿向侧面拉伸。自然呼吸，每侧保持深呼吸 5 ～ 10 次。

进阶与调整：

· 用瑜伽带绕过伸展腿的脚下，使拉伸更舒展。

· 为了增加变化，以有控制的节奏向内向外摆动腿。

注意：身体与地板接触的部分不拉伸，保持脚跟、小腿、臀部、肩胛骨和头部与地板接触。

仰卧外展肌拉伸

a

b

起始姿势：仰卧式开始，单腿伸直抬高，另一条腿伸直，放在地板上（见图 a）。踝关节弯曲，脚趾勾起。

动作：保持上侧腿部伸直，交叉跨越对侧身体，臀部保持贴在地板上。上侧腿越过身体的中线下压（见图 b）。

体位：理想情况下，双腿伸直；但是，若腘绳肌很紧，可使拉伸腿微微弯曲，保持另一条腿伸直放在地板上。肩膀和肩胛骨放在地板上。避免颈部和肩膀紧张。

呼吸：动作起始时吸气，呼气，将腿向对侧移动。自然呼吸，每侧保持深呼吸 5 ~ 10 次。

进阶与调整：

· 拉伸腿屈膝可降低拉伸强度。

· 跨过身体后，有节奏地前后摆动拉伸腿可深度释放髋部。

注意：拉伸深入髋关节内部，花点时间寻找让自己感觉紧张的部位或让呼吸急促的动作。

仰卧像 -4

起始姿势：仰卧式开始，双膝弯曲，双脚放在地板上。

动作：一只脚搭在对侧大腿上。脚踝弯曲脚趾上勾，髋部外展。下侧腿上抬向前压向胸腔（见上图）。

体位：保持臀部在地板上，避免颈部和肩部紧张。

呼吸：动作起始时吸气。呼气进入拉伸动作。自然呼吸。每侧保持深呼吸 5 ～ 10 次。

进阶与调整：

· 为了降低拉伸强度，可将下侧脚放在地板上。

· 专注于髋部活动性，可向左右两侧轻微摆动髋部。

注意：花一些时间来感觉臀部和腰部的放松，深呼吸。

胸部放松

    因为面对电脑久坐和长时间驾驶，以及坐姿欠佳，多数人的肩膀和胸腔前部都受到挤压。你可以随时随地进行这一部分的胸部放松练习。长时间工作后小憩做这些练习效果尤其好。

背部支撑伸展

起始姿势：俯卧式开始，前臂在肩膀两侧放在地板上。双腿伸直分开，与臀部同宽。脚背铺在地板上。

动作：向脊柱方向提起腹壁，收缩股四头肌，双膝抬离地面。肩膀后旋，胸腔从地板上抬起，肩胛骨下沉（见上图）。撑起手臂轻轻下压，胸腔抬高但保持腰部舒展。如果感觉到压迫腰部，可降低上身位置。

体位：保持头部与脊柱的自然曲线对齐。避免头部下沉或向后过度拉伸。

呼吸：呼气时收缩股四头肌，抬起膝盖，并稳定核心。吸气，提起胸腔。自然呼吸，保持深呼吸 3 ～ 5 次。

进阶与调整：

• 在缓慢控制的节奏下，吸气拉伸，呼气降低。

• 为加强上背部及胸部的伸展，抬起身体做后背部延伸时，手臂抬起向体后伸展。

注意：专注于打开胸腔，而不是延伸背部。想象向前移动胸骨并抬起胸腔，在身体前方制造空间感。

坐姿牛面式

起始姿势：盘腿坐姿，坐在坐骨中央，沿脊柱到头顶向上提拉。

动作：保持坐姿挺拔，一只手臂举过头顶。弯曲手肘，手掌放在两侧肩胛骨之间。对侧手臂从背后绕过，手肘弯曲，手向上够向另一只手（见上图）。双手扣在背后。

体位：手臂拉伸时，保持挺拔坐姿。下颌微收，头部向后抵住手臂，保持中立对齐。

呼吸：吸气双手背后扣住。呼气展开胸腔，加深伸展。自然呼吸。每侧保持5 ～ 10 次深呼吸。

进阶与调整：

• 为了降低拉伸的强度，一只手臂伸到头后侧，对侧手臂扶住手肘并微向下压，使手臂伸展。

• 可以站着做这个练习，容易达到更大的动作幅度。

• 坐在瑜伽砖上会更舒适，交叉腿时可以使臀部活动更方便。

注意：肩颈放松。

动态四点拉伸

a

b

c

d

起始姿势：笔直站姿。手臂向胸前伸出，同时含胸拱背（见图 a）。

动作：手臂从肩部向两侧平伸，稍微延展上背部（见图 b）。双手放在头后，手肘向后上方抬起（见图 c）。手臂向下摆动到臀部的后侧，双手手指相触（见图 d）。

体位：保持沿双腿到臀部的挺拔姿态。允许上身随着手臂的动作自由活动。

呼吸：呼气时手臂向前。吸气时侧平举。呼气时双手放在头后侧。吸气时手臂伸到背后。重复这个动作序列 3 ～ 5 次。

进阶与调整：

· 在不感到疼痛的范围内活动手臂。

· 在移动双臂到下一个位置前，保持几个呼吸，找到平静的感觉。

注意：优雅而自由地移动。

侧 弯

　　侧弯体式沿身体的侧线释放张力。这个经常被忽略的动作对整个脊柱健康非常重要。本组练习有助于释放背部的张力，并保持脊柱活动力。

坐姿侧弯

起始姿势：盘腿坐姿坐在坐骨中央，沿脊柱到头顶向上提拉。

动作：保持挺拔坐姿，一只手臂举过头顶。将手臂越过躯干，伸向对侧（见上图）。以动态摆动模式在两侧间手臂，重复切换动作。

体位：保持臀部受力平衡。避免前倾。

呼吸：举起手臂时吸气，侧弯时呼气。回到中心时吸气，弯曲到另一侧时呼气。重复 3 ~ 5 次。

进阶与调整：

• 如果盘腿坐不舒服，可改变腿的位置。

• 坐在一块瑜伽砖上会更舒适。

• 如果坐姿压迫腰部，可站姿完成练习。

注意：想象自己的上身夹在前后两块玻璃中间运动。

跪姿侧弯

a

b

起始姿势：双腿跪地。将一条腿伸向侧面，膝盖和脚趾朝上。上身挺拔直立（见图 a）。

动作：保持挺拔，伸出对侧手臂越过头顶，并朝拉伸腿方向侧弯（见图 b）。以摆动的动作模式，上方手臂朝相反方向侧弯，触及对侧手臂。以缓慢有控制的方式从一侧转换到另一侧。完成一侧的动作后，在另一侧重复。

体位：保持臀部水平，避免前倾，整个动作中拉伸腿的膝盖指向上方。

呼吸：吸气抬高手臂，呼气侧弯向对侧；吸气回正。重复 3 ～ 5 次换到对侧。

进阶与调整：

· 跪在一个卷起的瑜伽垫上会让膝盖舒服一些。

· 如果臀部拉伸不适，跪姿动作时可双膝弯曲。

注意：呼吸和运动配合，流畅过渡。

舒缓练习

　　舒缓练习通过降低心率、血压和放慢呼吸让身体平静下来。无论何时需要恢复能量或平静思绪时，都可以选择这些练习。

婴儿式

起始姿势：跪姿开始，双膝分开与肩同宽脚内侧并拢。

动作：双臂向前平行向前伸出，与肩同宽。臀部坐在脚后跟上，将胸腔置于两大腿内侧。保持双臂伸直并将胸腔压向地板（见上图）。

体位：手臂伸出时肘部抬离地面，肩膀放松。脊椎保持从臀部到头部柔和而轻松的曲线。

呼吸：吸气动作开始，呼气下压拉伸，保持，深呼吸 5 ～ 10 次。

进阶与调整：

· 跪在一个卷起的瑜伽垫上会让膝盖更舒适。

· 将双臂手掌朝上放在身体的两侧，加深放松。

· 在额头下面垫一块瑜伽砖，以减轻颈后部的紧张。

注意：专注于深沉、缓慢的呼吸节奏，降低心率并平静身体。感觉每次呼吸时胸腔缓缓地膨胀和收缩。

平静湖

起始姿势： 仰卧在地板上，双腿举向天花板伸直。双臂舒适地放在身体两侧，掌心向上。

动作： 弯曲脚踝、勾起脚趾轻轻压向小腿方向（见上图）。理想情况下，双腿笔直；如果腘绳肌和下背部紧张，膝盖微微弯曲以释放压力。

体位： 肩膀和肩胛骨放在地板上。头部和颈部呈中立对齐，鼻尖朝上。

呼吸： 吸气时腿向上抬起。呼气进入伸展，自然呼吸。保持深呼吸 5 ～ 10 次。

进阶与调整：

· 腿靠在墙上，以得到更大程度地放松。

· 可将瑜伽带绕在大腿中部，轻轻拉，减少腿部肌肉发力，更加放松。

· 向胸部弯曲膝盖，降低难度。

注意： 闭上眼睛，进入自己的内心世界，感受你的身体和思想引领它们来到平静的湖面。

仰卧抱膝拉伸

起始姿势：仰卧在地板上，屈膝拉向胸腔。手臂舒展地放在身体两侧，掌心向上。

动作：手臂环绕小腿，轻轻拉向胸腔（见上图）。

体位：肩膀和肩胛骨放在地板上，颈部放松。

呼吸：吸气抱膝拉向胸腔，呼气放松。自然呼吸。保持深呼吸 5 ～ 10 次。

进阶与调整：

• 抱膝前后摇摆，按摩腰部。

• 臀部左右摆动，释放背部的紧张。

注意：注意每次呼气时放松腰部。

仰卧单腿抱膝拉伸

起始姿势：仰卧在地面上，将单膝抱在胸前，对侧腿伸直，放在地板上。

动作：将手臂环绕在大腿后侧，轻轻地将膝盖拉向胸腔（见上图）。

体位：将身体后侧从头部到脚跟延展放在地面上，呈直线。

呼吸：抱膝吸气，呼气放松。自然呼吸。每侧保持 5 ～ 10 次呼吸。

进阶与调整：

• 为了增加髋关节的活动能力，将手放在膝盖上，用弯曲的膝盖向一个方向划圈，然后向对侧划圈。

• 如果腰背部感到不适，可将伸直的腿弯曲，脚放在地板上。

注意：注意呼吸的节奏，缓慢放松地吸气，悠长地呼气。

仰卧蝴蝶式

起始姿势： 仰卧式，双膝弯曲，双脚放在地板上。手臂舒展地放在身体两侧，掌心向上。

动作： 通过脚底相对膝盖外展来打开髋部（见上图）。

体位： 腿部外展时，臀部、肩膀、肩胛骨后侧放在地板上。颈部放松。

呼吸： 吸气屈膝。呼气打开膝盖，放松进入伸展。自然呼吸。保持深呼吸 5 ～ 10 次。

进阶与调整：

• 在每侧膝下放一块瑜伽砖支撑腿部有助于深入地放松。

• 足跟拉向臀部，加深臀部拉伸。

注意： 缓慢而悠长地呼吸，让身心进入一个平静的状态。

快乐宝贝

起始姿势： 仰卧式，双膝向胸部弯曲，双手从内侧握住脚心。

动作： 打开髋部，将膝盖朝外侧和肩膀靠拢（见上图）。

体位： 当双腿打开时，肩膀和肩胛骨都靠在地板上。颈部放松。

呼吸： 吸气，弯曲膝盖，呼气时腿部伸展。自然呼吸，保持深呼吸 5 ～ 10 次。

进阶与调整：

· 身体左右摇晃，放松腰部。

· 单腿抬高，打开一侧髋部，对侧脚放在地板上，给身体一侧更深的伸展。换另一侧重复动作。

注意： 还记得你小时候吗？那时对这个世界毫不关心。试着把这种感觉带入练习。

休息式

起始姿势： 仰卧式双腿伸展，双臂放在身体两侧，掌心向上。

动作： 让臀部和下背部肌肉放松，让腿自然伸展（见上图）。臀部、肩膀和肩胛骨的后侧放在地板上，颈部放松。

体位： 脊柱从头到脚趾中立对齐。

呼吸： 打开胸腔吸气，呼气放松，自然呼吸。持续深呼吸 10 ～ 20 次，或计时保持休息式 5 ～ 10 分钟。

进阶与调整：

· 为了减轻腰背部的张力，弯曲膝盖，大腿内侧靠拢。

· 如果仰卧式不舒服，可以侧躺，同时膝盖舒适地弯曲。

· 在膝盖下放一个卷起的毛巾，可以缓解背部紧张。

注意： 让大脑和身体完全放松。让自己顺应重力，释放所有的肌肉张力。让心灵与身体一起休息。当脑海浮现思绪时，让它自由漂浮，大脑放空而平和。让待做事情列表暂时消失，等这个重要的休息式结束后再去想它。

第三部分

融合训练系统

根据水平

根据时间

根据目标

根据活动

永远不要再对你的健身方案感到厌倦了。在随后的章节里你会见识到融合训练系统的变化多端。从 15 套训练方案里先为你今天的完美训练选择一套。

　　融合训练系统的设计可以满足你不断变化的需要，并可以很容易地根据你的训练目的和时间进行调整。本章将介绍基于健身水平、时间、目的及活动偏好而制订的训练计划模板。当你觉得这些训练可以舒适完成的时候，可以通过增加运动强度、动作重复次数和时间，或选择第 4 ～ 7 章融合训练库中介绍的变化体式来调整运动方案。

　　运用本书中的训练方案或者制订你独特的训练计划，可参考附录 A 中的融合训练系统训练模板，从介绍融合练习类型的章节中选取合适的训练体式。

融合训练

· 根据水平

　　本章的融合训练是基于强度进行的，练习的强度逐级增加。通过增加练习的重复次数和持续练习的时间可逐渐过渡到下一个级别。在开始练习之前，你可以通过参考前面的章节，熟悉技术建议、进阶体式与动作调整，来刷新你的记忆。第 4 章中的许多热身练习以及第 7 章中的平静和恢复性练习都可用于预热或训练的平静。在随后的练习图谱中，你将看到这些练习应用在融合训练方案的任一阶段，请根据页码参阅。第 3 章的正念练习也会出现在训练模板中。

入门水平训练

入门融合训练是一个很棒的起点，也是长久荒废锻炼后一个很好的回归点。开始时，每周练习3次，并逐渐形成自己的训练方式后坚持每天锻炼。若当前练习不再具有挑战性，可进入下一水平阶段的练习。在进行更有挑战性的训练时，若需要降低难度，或者训练时间比较紧张，仍然可以再回到入门水平的练习。

按自己的节奏进入练习。疲劳时，先休息一下再继续。准备充分时，可挑战更高难度的体式变化。

意图：花时间掌握动作并获得信心。专注于良好的姿势、体位和动作执行。专注于动作的质量而不是数量。

	练习	页码	建议时间或重复次数	练习建议或调整
	坐姿3D呼吸	13	1分钟	通过3D呼吸集中精神，关注身体
	小狗式	126	保持呼吸3～5次	
热身（10分钟）	猫牛伸展	30	按一定频率在猫式和牛式间切换，重复3～5次	
	低位弓步	135	每侧保持弓步，呼吸3～5次	尝试把手离开地板进行练习
过渡	从跪姿开始，将背部压向脚的方向并提起膝盖，进入微微弯曲双膝的站姿体前屈，然后慢慢拱背起身			

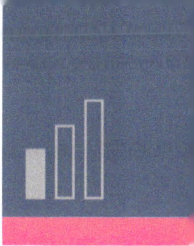

	练习	页码	建议时间或重复次数	练习建议或调整
热身（10分钟）	举臂山式	42	保持姿势，呼吸3～4次	
	融合拜日式系列1	45	重复3～4组	
站姿融合练习（15分钟）	蹲式	50	重复8～12次	以数2～4个数的频率重复蹲下和起立的动作
	弓步	60	每侧重复8～12次	以数2～4个数的频率重复蹲下和起立的动作
	单腿平衡	72	每侧保持3～5个深呼吸	

练习		页码	建议时间或重复次数	练习建议或调整
站姿融合练习（15分钟）	战士2（右）	66	保持3～5个呼吸	
	反战士（右）	68	保持3～5个呼吸	
	战士2（左）	66	保持3～5个呼吸	
	反战士（左）	68	保持3～5个呼吸	
过渡	由一个站位体前屈，双腿后退到板式			
地面融合练习（15分钟）	宽俯卧撑	89	重复6～12次	以膝盖或脚趾支撑体重
	板式	37	保持3～5个呼吸	以前臂支撑体重

166

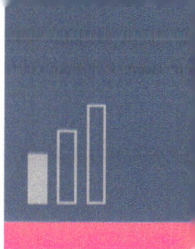

	练习	页码	建议时间或重复次数	练习建议或调整
地面融合练习（15分钟）	侧板式	90	保持3～5个呼吸	以前臂支撑体重。屈膝或直腿完成动作
	两点桌面式	92	保持3～5个呼吸	交替抬起对侧手臂和腿
	背部伸展	94	重复3～5次	把手放在地板上。以可控的节奏起落
	髋部伸展	98	重复3～5次	以可控的节奏起落
	半伸臂起身	102	重复3～5次	可把手扶在大腿后侧以支撑身体
	V形坐	104	保持3～5个呼吸	脚放在地板上
	腹部支撑	112	重复3～5次	以可控的节奏起落
	抬腿桌面式	113	重复3～5次	以可控的节奏交替抬起和放下双腿
	臀桥式	118	保持3～5个呼吸	增加重复次数，以增加强度

	练习	页码	建议时间或重复次数	练习建议或调整
平静和恢复练习（10分钟）	仰卧抱膝拉伸	155	保持5个呼吸	
	仰卧扭转	133	每侧保持5个呼吸	
	仰卧腿部拉伸	139	每侧保持5个呼吸	可以将双腿同时拉伸
	仰卧像-4	142	每侧保持5个呼吸	
	平静的湖	154	保持5个呼吸	
	休息式	159	保持1～5分钟	祝贺自己完成训练，充分享受美好的休息时光

发展水平训练

发展水平训练是中等过渡水平的练习，对力量、平衡性和灵活性发起挑战。如果你已经准备好尝试融合训练中更具挑战性的变化练习，这个训练水平无疑是最适合的。开始时，每周选择一天进行发展水平训练。随着训练能力的提高，每周用更多的发展水平训练代替入门水平训练。当发展水平训练对你来说也变得很轻松，便可以准备进行挑战水平的融合训练。

意图：正确的技术和合理的形式决定了运动是否安全有效。专注于每项练习的基础。打下扎实基础，其他动作会变得游刃有余。

	练习	页码	建议时间或重复次数	练习建议或调整
热身（10分钟）	婴儿式	29	保持5个呼吸	运用3D呼吸，重点扩展胸腔背侧
	猫牛伸展	30	重复3～5次	以可控的速度在猫式和牛式间切换
	低跪腿部拉伸	34	每侧重复3～5次	以可控的节奏在双手触地的低位弓步和腿部拉伸动作间切换
	板式	37	保持3～5个呼吸	以微微弯曲的膝盖或脚趾支撑身体重量
	下犬式	38	保持3～5个呼吸	可用婴儿式代替

	练习	页码	建议时间或重复次数	练习建议或调整
过渡	双脚迈向双手，进入站位体前屈			
热身 （10分钟）	半臂山式	42	重复3～4组	
	融合拜日式系列2	46	重复3～4次	
站姿融合 练习 （15分钟）	蹲式	50	重复8～12次	以数2～4个数的频率重复下蹲和起身的动作
	椅式	54	保持5个呼吸	
	弓步（右）	60	重复5～8次	以数2～4个数的频率重复弓步和起身动作

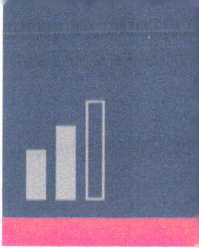

	练习	页码	建议时间或重复次数	练习建议或调整
站姿融合练习（15分钟）	新月弓步（右）	64	保持3～5个呼吸	
	战士2（右）	66	保持3～5个呼吸	
	反战士（右）	68	保持3～5个呼吸	
	侧角伸展（右）	70	保持3～5个呼吸	
	弓步（左）	60	重复5～8次	以数2～4个数的频率重复弓步和起身动作

练习		页码	建议时间或重复次数	练习建议或调整
站姿融合练习（15分钟）	新月弓步（左）	64	保持3～5个呼吸	
	战士2（左）	66	保持3～5个呼吸	
	反战士（左）	68	保持3～5个呼吸	
	侧角伸展（左）	70	保持3～5个呼吸	
	单腿平衡（右）	72	保持3～5个呼吸	

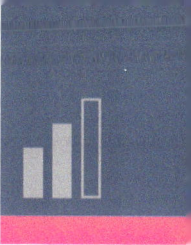

	练习	页码	建议时间或重复次数	练习建议或调整
站姿融合练习（15分钟）	侧平衡（右）	74	保持3～5个呼吸	
	单腿平衡（左）	72	保持3～5个呼吸	
	侧平衡（左）	74	保持3～5个呼吸	
过渡	从站位体前屈，双腿后退到板式			
地面融合练习（20分钟）	板式	37	保持3～5个呼吸	
	单腿板式	83	每侧重复5次	双腿左右交替抬起，呼吸配合动作
	窄俯卧撑	88	重复5～10次	以膝盖或脚趾支撑体重

	练习	页码	建议时间或重复次数	练习建议或调整
地面融合练习（20分钟）	侧板式	90	每侧保持5个呼吸	以手掌或者前臂支撑体重
	两点桌面式（右）	92	保持3～5个呼吸	可使手臂和腿交替抬起
	两点桌面式（右）	92	保持3～5个呼吸	可使手臂和腿部向侧面抬起
	两点桌面式（左）	92	保持3～5个呼吸	可使手臂和腿交替抬起
	两点桌面式（左）	92	保持3～5个呼吸	可使手臂和腿部向侧面抬起
	背部伸展	94	重复3～5次	双手放在前额，以可控的节奏起落
	髋部伸展	98	重复3～5次	以可控的节奏起落
	半伸臂起身	102	重复3～5次	两侧交替做倾斜的半伸臂起身
	V形坐	104	保持3～5个呼吸	把双脚放在地板上

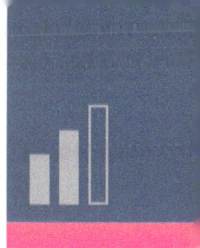

	练习	页码	建议时间或重复次数	练习建议或调整
地面融合练习（20分钟）	反桌面式	105	保持3～5个呼吸	屈膝完成
	侧抬腿式	107	每侧保持5～10个呼吸	
	腹肌支撑	112	重复3～5次	双手放在脑后，以可控的节奏起落
	单腿拉伸	116	每侧保持5～10个呼吸	双腿交替完成
	抬腿肩桥式	119	保持3～5个呼吸	屈膝或者直腿完成
平静和恢复练习（10分钟）	仰卧单腿抱膝拉伸（右）	156	保持5个呼吸	
	仰卧扭转（右）	133	保持5个呼吸	单腿完成
	仰卧腿部拉伸（右）	139	保持5个呼吸	

练习		页码	建议时间或重复次数	练习建议或调整
	仰卧式-4（右）	142	保持5个呼吸	
	仰卧单腿抱膝拉伸（左）	156	保持5个呼吸	
	仰卧扭转（左）	133	保持5个呼吸	单腿完成
	仰卧腿部拉伸（左）	139	保持5个呼吸	
平静和恢复练习（10分钟）	仰卧式-4（左）	142	保持5个呼吸	
	快乐宝贝	158	保持3～5个呼吸	
	平静湖	154	保持5个呼吸	
	逐渐放松		气息缓慢流过整个身体	
	休息式	159	保持3～5分钟	祝贺自己完成了这个训练。自豪吧

挑战水平训练

挑战水平训练是级别最高、强度最大的融合训练。当身体准备好进行更高级别的训练时可以采用。当进阶到发展水平训练后，可以在每周的健身计划中增加一次挑战水平训练。逐渐增加训练的次数直到每周4天，其他几天做些容易的融合训练。从简单的练习形式开始，逐步挑战自己直到完成最难的动作。随着技能水平的提高，增加重复次数或持续更长的时间。一旦熟悉了挑战级别训练并准备好做更多变化，可以从第4～7章中选择其他融合练习加入自己的训练。

意图：当过于紧张需要放松时，控制呼吸来给你力量。吸气时产生能量，呼气时释放无谓的紧张。专注于深长而有力的呼吸。

	练习	页码	建议时间或重复次数	练习建议或调整
热身（10分钟）	婴儿式	29	保持5个深呼吸	运用3D呼吸，重点扩展胸腔背侧
	猫牛伸展	30	重复5次	按一定频率在猫式和牛式间切换
	脊柱斜穿式扭转	32	每侧重复3次	吸气扭转，呼气伴随斜穿式动作，保持2～3个呼吸后再次扭转
	板式	37	保持3～5个呼吸	以膝盖或者脚趾支撑体重

	练习	页码	建议时间或重复次数	练习建议或调整
热身 （10分钟）	下犬式 	38	保持3～5个呼吸	
	低跪腿部拉伸 	34	重复3～5次	以可控的节奏在双手触地的低位弓步和腿部拉伸动作间切换。弓步时把双臂举过头顶
	板式 	82	保持3～5个呼吸	以膝盖或脚趾支撑体重
	下犬式 	38	保持3～5个呼吸	
过渡	双脚迈向双手，进入站位体前屈			
热身 （10分钟）	举臂山式 	42	重复3～4次	

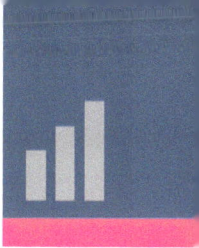

	练习	页码	建议时间或重复次数	练习建议或调整
热身 （10分钟）	融合拜日式系列2	46	重复3～4组	
	融合拜日式系列3	47	重复3～4组	
过渡	山式			
站姿融合 练习 （20分钟）	蹲式	50	重复8～12次	以数2～4个数的频率重复蹲下和起立的动作
	提踵蹲式	52	重复4～8次	蹲下后提起脚跟，落下脚跟再站起来
	幻椅式	54	保持5个呼吸	

练习		页码	建议时间或重复次数	练习建议或调整
	扭转椅式	55	每侧保持5个呼吸	
	单腿蹲式	56	每侧重复3～5次	以数2个数的频率重复蹲下和起立动作
站姿融合练习（20分钟）	弓步（右）	60	重复6～10次	以数2～4个数频率重复蹲下和起立动作
	新月弓步（右）	64	保持3～5个呼吸	
	战士3（右）	78	保持3～5个呼吸	
	弓步（左）	60	重复6～10次	

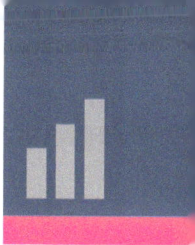

	练习	页码	建议时间或重复次数	练习建议或调整
站姿融合练习（20分钟）	新月弓步（左）	64	保持3～5个呼吸	
	战士3（左）	78	保持3～5个呼吸	
	战士1	65	保持3～5个呼吸	
	战士2（右）	66	保持3～5个呼吸	
	反战士（右）	68	保持3～5个呼吸	
	侧角伸展（右）	70	保持3～5个呼吸	

	练习	页码	建议时间或重复次数	练习建议或调整
站姿融合练习（20分钟）	半月式（右）	80	保持3～5个呼吸	
	战士1（左）	65	保持3～5个呼吸	
	战士2（左）	66	保持3～5个呼吸	
	反战士（左）	68	保持3～5个呼吸	
	侧角伸展（左）	70	保持3～5个呼吸	
	半月式（左）	80	保持3～5个呼吸	

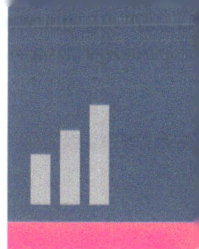

	练习	页码	建议时间或重复次数	练习建议或调整
过渡	由站位体前屈，双腿后退到板式			
地面融合练习（20分钟）	板式	82	保持3～5个呼吸	屈膝或直腿完成
	板式及提膝系列	82～84	每侧重复3～5次	左右腿交替完成。呼吸配合动作
	下犬式	38	保持3～5个呼吸	
	窄俯卧撑	88	重复8～12次	以膝盖或者脚趾支撑体重
	下犬式	38	保持3～5个呼吸	
	侧板式	90	每侧保持5个呼吸	以手掌或前臂支撑体重
	两点桌面式（右）	92	保持3～5个呼吸	
	两点桌面式（右）	92	重复3～5次	用对侧手肘触碰膝盖

	练习	页码	建议时间或重复次数	练习建议或调整
地面融合练习（20分钟）	两点桌面式（左）	92	保持3～5个呼吸	
	两点桌面式（左）	92	重复3～5次	用对侧手肘触碰膝盖
	背部伸展	94	抬起并保持3个呼吸。重复4～6次	把双手放在前额
	髋部伸展	98	抬起并保持3个呼吸。重复4～6次	
	泳者	95	每侧重复6～8次	
过渡	采取高位坐姿			
地面融合练习（20分钟）	半伸臂起身	102	重复4～6次	重复做半伸臂起身4～6次后，紧接着两侧双替做倾斜的半伸臂起身
	V形坐	104	保持3～5个呼吸	脚离开地板
	反桌面式	105	保持3～5个呼吸	保持腿伸直
	全伸臂起身	103	重复4～6次	以背部触地结束时

	练习	页码	建议时间或重复次数	练习建议或调整
地面融合练习（20分钟）	侧抬腿式（右）	107	重复6～10次	
	侧环腿式（右）	108	重复6～10次	
	侧抬腿式（左）	107	重复6～10次	
	侧环腿式（左）	108	重复6～10次	
	腹肌支撑	112	重复4～6次	手放在脑后，以可控的节奏起落
	弯曲和伸展	114	重复4～6次	
	单腿拉伸	116	每侧重复6～12次	交替双腿
	抬腿肩桥	119	每侧重复6～10次	屈膝或直腿完成

练习		页码	建议时间或重复次数	练习建议或调整
	跪姿扭转（右）	130	保持5个呼吸	
	穿针式（右）	132	保持5个呼吸	
	跪姿扭转（左）	130	保持5个呼吸	
平静和恢复练习（10分钟）	穿针式（左）	132	保持5个呼吸	
	低位弓步（右）	135	保持5个呼吸	
	动态弓步臀部摆动（右）	136	重复3～5次	
	低位弓步（左）	135	保持5个呼吸	
	动态弓步臀部摆动（左）	136	重复3～5次	

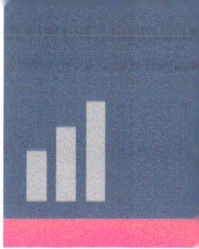

	练习	页码	建议时间或重复次数	练习建议或调整
平静和恢复练习（10分钟）	跪姿侧弯	150	保持5个呼吸	
	婴儿式	153	保持5个呼吸	
	背部支撑伸展	144	保持5个呼吸	
	鸽子式	137	保持5个呼吸	
	仰卧蝴蝶	157	保持5个呼吸	
	休息式	159	保持3～5分钟	为自己完成练习而骄傲

9

融合训练

· 根据时间

本章的融合训练是基于你的健身水平而分配的练习时间或者可以保证的练习时间来确定的。时间较短的训练组合可以作为一个独立完整的训练来完成，或者用于补充步行或跑步等其他运动。

第 4 章中的热身练习以及第 7 章中的平静和恢复性练习可以用于热身或平静阶段。在随后的锻炼图示中，你会在练习的任意一个步骤中发现它们，请根据页码参阅。第 3 章介绍的正念练习也会出现在训练模板中。

20分钟

　　20分钟训练是一个快捷训练，可以作为一天的独立融合训练，或者配合其他运动方式。可以用来补充有氧训练或在步行或跑步前热身。当时间有限时也可日常进行这个高效训练。鉴于它所需时间短、强度低，也同样适用于初学者，方便加入自己的训练方案。获得自信和能力之后，就可以进行更长时间的锻炼了。

　　意图：尽管这个训练很短，但是需要良好的执行力，并尽可能选择最有挑战性的版本来练习，以便在短时间内取得最好的效果。

	练习	页码	建议时间或重复次数	练习建议或调整
热身 （3分钟）	举臂山式	42	1分钟	运用3D呼吸法专注于思想和身体
	融合拜日式系列2	46	重复3～4组	
站姿融合练习 （8分钟）	蹲式	50	重复8～12次	以数2～4个数的频率重复蹲下和起立的动作

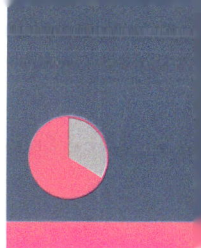

练习		页码	建议时间或重复次数	练习建议或调整
幻椅式		54	保持5个深呼吸	
弓步（右）		60	重复8～12次	以数2～4个数的频率重复蹲下和起立的动作
新月弓步（右）		64	保持5个深呼吸	
弓步（左）		60	重复8～12次	以数2～4个数的频率重复蹲下和起立的动作
新月弓步（左）		64	保持5个深呼吸	

站姿融合练习（8分钟）

练习		页码	建议时间或重复次数	练习建议或调整
站姿融合练习（8分钟）	新月弓步到战士3（右） 	64，78	重复3～5次	以可控的节奏在新月弓步和战士3之间切换，每个体势保持2～3个呼吸
	新月弓步到战士3（左） 	64，78	重复3～5次	以可控的节奏在新月弓步和战士3之间切换，每个体势保持2～3个呼吸
过渡				
地面融合练习（6分钟）	板式 	82	保持5个呼吸	以双手或双前臂支撑体重
	侧板式（右） 	90	保持5个呼吸	以单手或单前臂支撑体重

	练习	页码	建议时间或重复次数	练习建议或调整
地面融合练习（6分钟）	宽俯卧撑	89	重复8～15次	每次训练调整做俯卧撑的节奏：数1个数的起落，数2个数的起落，或数3个数落下1个数撑起
	侧板式（左）	90	保持5个呼吸	以单手或者手臂支撑体重
	背部伸展	94	重复5次	双手放在地板或者前额上。按一个可控的节奏起落
	髋部伸展	98	重复5次	以可控的节奏起落。在髋部伸展的最高位置停留以增加强度
	上犬式	100	保持3～5个呼吸	
	下犬式	38	保持3～5个呼吸	
过渡				
地面融合练习（6分钟）	全伸臂起身	103	重复4～8次	

193

	练习	页码	建议时间或重复次数	练习建议或调整
地面融合练习（6分钟）	抬腿桌面式	113	每侧重复3～5次	以可控的节奏交替抬起和放下双腿
平静和恢复练习（3分钟）	仰卧单腿抱膝拉伸（右）	156	保持5个呼吸	
	仰卧腿部拉伸（右）	139	保持5个呼吸	
	仰卧扭转（右）	133	保持5个呼吸	单腿完成
	仰卧单腿抱膝拉伸（左）	156	保持5个呼吸	
	仰卧腿部拉伸（左）	139	保持5个呼吸	
	仰卧扭转（左）	133	保持5个呼吸	单腿完成
	休息式	159	保持1分钟	虽然时间很短，但是要充分利用这1分钟，它能改变你的整体状态

40分钟

40分钟融合训练是一个有效的全身训练。这个中级水平的训练，能够塑造和刻画你的整个身体并专注于力量、平衡性和灵活性。当入门水平训练对你来说易如反掌，或者时间允许的时候，就可以日常进行40分钟融合训练。

意图：为了最大限度地利用练习时间，要全身心投入训练。当思维游走时，有意识地把自己拉回到练习中去体会动作。

	练习	页码	建议时间或重复次数	练习建议或调整
	举臂山式	42	1分钟	山式站姿，使用3D呼吸法，将精神集中在思绪和身体上
热身 （5分钟）	融合拜日式系列1	45	重复3～4组	
	融合拜日式系列2	46	重复3～4组	

练习		页码	建议时间或重复次数	练习建议或调整
	屈膝蹲式（右）	57	重复8～12次	以数2～4个数的频率重复蹲下和起立的动作
	幻椅式	54	保持5个深呼吸	
站姿融合练习（15分钟）	屈膝蹲式（左）	57	重复8～12次	以数2～4个数的频率重复蹲下和起立的动作
	弓步-单腿平衡（右）	60, 72	重复8～10次	站姿，重量均匀分布在双脚上，右脚向后退到弓步，以数2～4个数的节奏重复蹲下和抬起右膝保持单腿平衡的动作
	扭转椅式（右）	55	保持5个呼吸	

	练习	页码	建议时间或重复次数	练习建议或调整
站姿融合练习（15分钟）	弓步-单腿平衡（左）	60，72	重复8～10次	站姿，重量均匀分布在双脚上，左脚向后退到弓步，以数2～4个数的节奏重复蹲下和抬起左膝保持单腿平衡的动作
	扭转椅式（左）	55	保持5个呼吸	
过渡				
地面融合练习（15分钟）	半伸臂起身	102	重复4～6次	随后两侧交替进行4～6个倾斜式的变化半伸臂起身
	全伸臂起身	103	重复4～6次	
	腹肌支撑	112	重复4～6次	手可以放在头后。蜷曲身体，保持3～4个呼吸。每次呼气时，增加腹部的张力
	抬腿桌面式	113	每侧重复5～10次	以可控的节奏交替抬起和放下双腿

	练习	页码	建议时间或重复次数	练习建议或调整
地面融合练习（15分钟）	弯曲和伸展	114	重复4～8次	
	单腿拉伸	116	每侧重复5～10次	
	抬腿肩桥式	119	每侧保持5个呼吸	屈膝或直腿进行练习
	侧弯	109	每侧重复3～5次	
过渡				
平静和恢复练习（5分钟）	跪姿扭转（右）	130	保持3个呼吸	
	穿针式（右）	132	保持3个呼吸	

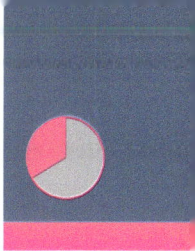

练习	页码	建议时间或重复次数	练习建议或调整
跪姿扭转（左）	130	保持3个呼吸	
穿针式（左）	132	保持3个呼吸	
低位弓步（右）	135	保持3～5个呼吸	
扭转弓步（右）	62	保持3～5个呼吸	
小狗式	126	保持3个呼吸	
低位弓步（左）	135	保持3～5个呼吸	
扭转弓步（左）	62	保持3～5个呼吸	
婴儿式	153	保持1分钟	

平静和恢复练习（5分钟）

60分钟

60分钟训练是一项具有挑战性的全身训练，目标是锻炼身体所有主要肌肉的力量、平衡性和柔韧性，从时间短、训练强度低逐步进阶到这个完整的塑身训练。选择最适合自己的运动强度，参考第4章至第7章中的可选体式及变化。掌握了这个训练后，可以通过增加重复练习次数或训练时间来提高强度。

意图：专注于强大和毅力。

	练习	页码	建议时间或重复次数	练习建议或调整
	举臂山式	42	1分钟	山式站姿，使用3D呼吸方法将精神集中在思维和身体上
热身（8分钟）	融合拜日式系列1	45	重复2～3组	
	融合拜日式系列2	46	重复2～3组	

	练习	页码	建议时间或重复次数	练习建议或调整
站姿融合练习（20分钟）	融合拜日式系列3	47	重复2～3组	
	单腿蹲式（右）	56	重复8～12次	
	单腿蹲式（左）	56	重复8～12次	
	弓步（右）	60	重复8～12次	以数2～4个数的节奏重复山式和弓步的动作
	新月弓步（右）	64	保持3～5个呼吸	从弓步后退一步到新月弓步
	战士3（右）	78	保持3～5个呼吸	从新月弓步抬起后侧腿到战士3

	练习	页码	建议时间或重复次数	练习建议或调整
站姿融合练习（20分钟）	单腿平衡（右）	72	保持3～5个呼吸	保持同一条腿做单腿平衡
	提踵蹲式	52	重复8～12次	以数2个数的节奏重复蹲下和起身的动作
	弓步（左）	60	重复8～10次	以数2～4个数的节奏重复山式和弓步的动作
	新月弓步（左）	64	保持3～5个呼吸	从弓步后退一步到新月弓步
	战士3（左）	78	保持3～5个呼吸	从新月弓步抬起后侧腿到战士3
	单腿平衡（左）	72	保持3～5个呼吸	保持同一条腿做单腿平衡

	练习	页码	建议时间或重复次数	练习建议或调整
站姿融合练习（20分钟）	屈膝蹲式（右）	57	重复8～12次	增加扭转作为体式变化。以数2个数的节奏重复蹲下和起身的动作
	半月式（右）	80	保持3～5个呼吸	
	屈膝蹲式（左）	57	重复8～12次	增加扭转作为体式变化。以数2个数的节奏重复蹲下和起身的动作
	半月式（左）	80	保持3～5个呼吸	
过渡	从站姿体前屈过渡到板式			
地面融合练习（25分钟）	板式	82	保持3～5个呼吸	
	平板降臂式	87	每侧重复6～8次	
	婴儿式	153	保持3个呼吸	

练习		页码	建议时间或重复次数	练习建议或调整
宽俯卧撑		89	重复8～12次	
背部伸展		94	重复4～6次	双臂可以举过头顶上
髋部伸展		98	重复4～6次	可以加入腿部屈伸作为体式变化
上犬式		100	保持3个呼吸	
侧板式（右）		90	保持3个呼吸	以前臂或手掌支撑体重
侧环腿式（右）		108	重复4～6次	以前臂或手掌支撑体重
侧弯（右）		109	重复4～6次	
蛙式		96	重复4～6次	
侧板式（左）		90	保持3个呼吸	以前臂或手掌支撑体重

地面融合练习（25分钟）

	练习	页码	建议时间或重复次数	练习建议或调整
地面融合练习（25分钟）	侧环腿式（左）	108	重复4～6次	以前臂或手掌支撑体重
	侧弯（左）	109	重复4～6次	
	提膝系列	84	重复3～5次	
	V形坐	104	保持5个呼吸	
	反向桌面式	105	保持5个呼吸	
	全伸臂起身	103	重复3～5次	
	抬腿桌面式	113	每侧重复4～6次	
	单腿拉伸	116	每侧重复5～10次	
	交叉式	117	每侧重复5～10次	

	练习	页码	建议时间或重复次数	练习建议或调整
地面融合练习（25分钟）	抬腿肩桥式	119	每侧重复5～10次	以数2个数的节奏重复抬起和放下腿的动作。抬腿时，腿可弯曲或者伸直
平静和恢复练习（7分钟）	仰卧抱膝拉伸	155	保持3～5个呼吸	
	仰卧单腿抱膝拉伸	156	保持3～5个呼吸	
	仰卧腿部拉伸（右）	139	保持3～5个呼吸	
	仰卧像-4（右）	142	保持3～5个呼吸	
	仰卧单腿抱膝拉伸（左）	156	保持3～5个呼吸	
	仰卧腿部拉伸（左）	139	保持3～5个呼吸	

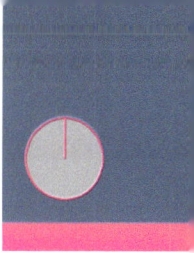

练习	页码	建议时间或重复次数	练习建议或调整
仰卧像-4（左）	142	保持3～5个呼吸	
坐姿体前屈	123	保持3～5个呼吸	
蝴蝶坐	138	保持3～5个呼吸	
盘腿扭转	129	每侧保持3～5个呼吸	
盘腿体前屈	125	每侧保持3～5个呼吸	
静坐冥想		3～5分钟	找到一个舒适的坐姿。闭上眼睛，平静呼吸。已经完成的练习令自己心怀感激

平静和恢复练习（7分钟）

10

融合训练

· 根据目标

　　本章的融合训练基于你的训练目标。各种练习根据训练的专注点进行分组，以期获得最理想的效果。选择其中一项或者混搭几项来丰富你的训练方案，例如只做核心调节训练，或者先来一组上半身调节，再做核心调节训练，也可以从这个部分选一组融合训练用来补充你的有氧运动。第 4 章中的热身练习和第 7 章中的平静和恢复练习用于热身和平静。在接下来的练习图示中可以看到每一个步骤，请根据页码参阅具体体式。第 3 章的正念练习也同样出现在训练模板中。

核心调节训练

加强核心肌群可以改善姿势，增加运动表现力，保护背部，并塑造核心肌肉。在日常计划中加入核心调节练习可以真切感受到获益，采用目前最流行的三维方法来训练核心可获得最佳效果。传统的核心强化练习，如卷腹，在一个方向的单一位置上进行，效果并不理想。本章中的练习在多个维度和多种体式中将脊柱收紧、延展、扭转和弯曲，核心训练效果要好很多。核心肌肉在运动中发力以稳定地抵抗重力，加强核心训练对抗重力并保持体式，可加强和稳定脊柱、髋部和肩部的功能。将融合训练中的核心调节练习整合在一起，通过训练加强核心，使之成为动力和稳定性的来源。

开始阶段，每周进行2次核心调节训练，逐渐增加到每周5次。参考第4～7章中描述的练习变化与体式调整。

意图：在整个训练过程中，专注于使用3D呼吸法激活核心肌群。

	练习	页码	建议时间或重复次数	练习建议或调整
热身 （5分钟）	坐姿3D呼吸	13	1～2分钟	舒适坐姿，以深呼吸专注于思想和身体
	婴儿式	29	保持3～5个呼吸	双侧肩部拉伸，沿脊柱从肩部到尾骨延展
	猫牛伸展	30	重复3～5次	

	练习	页码	建议时间或重复次数	练习建议或调整
	脊柱斜穿式扭转 	32	每侧重复 3 ～ 5 次	
热身 （5分钟）	平板-窄俯卧撑-上犬式-下犬式组合 	82，88，100，38	重复 3 ～ 5 组	每个动作保持 1 ～ 2 个呼吸，转换到下一个动作
过渡	从下犬式，单腿向前迈一步转到弓步			
站姿融合练习 （20分钟）	弓步-战士3（右） 	60，78	重复 8 ～ 12 次	每个动作保持 1 ～ 2 个呼吸，在弓步和战士3之间，流畅地转换

练习		页码	建议时间或重复次数	练习建议或调整
	弓步-战士3（左）	60，78	重复8～12次	每个动作保持1～2个呼吸，在弓步和战士3之间，流畅地转换
站姿融合练习（20分钟）	单腿蹲式（右）	56	重复8～12次	从单腿蹲式转换到屈膝蹲式
	屈膝蹲式（右）	57	重复8～12次	在屈膝蹲式和扭转屈膝蹲式之间流畅地切换。每个变化体式重复8～12次
	单腿蹲式（左）	56	重复8～12次	从单腿蹲式转换到屈膝蹲式
	屈膝蹲式（左）	57	重复8～12次	在屈膝蹲式和扭转屈膝蹲式之间流畅地转换。每个变化体式重复8～12次

	练习	页码	建议时间或重复次数	练习建议或调整
	单腿平衡（右）	72	保持3～5个呼吸	
	侧平衡（右）	74	保持3～5个呼吸	
站姿融合 练习 （20分钟）	提踵芭蕾蹲式	59	重复4～6次	
	单腿平衡（左）	72	保持3～5个呼吸	
	侧平衡（左）	74	保持3～5个呼吸	

	练习	页码	建议时间或重复次数	练习建议或调整
站姿融合 练习 （20分钟）	半月式	80	每侧保持3～5个呼吸	
过渡	从站位体前屈后退一步到跪姿			
地面融合 练习 （25分钟）	两点桌面式	92	每侧重复3～5次	交替抬起对侧手和腿，手肘和膝盖相触，随后进行交叉腿变化体式
	板式	82	保持3～5个呼吸	
	单腿板式	83	每侧重复6～8次	
	窄俯卧撑	88	重复6～10次	
	婴儿式	153	保持3～5个呼吸	
	提膝系列	84	每侧重复3～5次	
	婴儿式	153	保持3～5个呼吸	

	练习	页码	建议时间或重复次数	练习建议或调整
地面融合练习（25分钟）	侧板式（右）	90	保持3～5个呼吸	以前臂或者手掌支撑体重
	侧弯（右）	109	重复3～5次	以前臂或者手掌支撑体重
	侧扭（右）	110	重复3～5次	以前臂或者手掌支撑体重
	提髋板式	86	每侧重复3～5次	
	侧板式（左）	90	保持3～5个呼吸	以前臂或者手掌支撑体重
	侧弯（左）	109	重复3～5次	以前臂或者手掌支撑体重
	侧扭（左）	110	重复3～5次	以前臂或者手掌支撑体重

练习	页码	建议时间或重复次数	练习建议或调整
宽俯卧撑	89	重复8～12次	
婴儿式	153	保持3～5个呼吸	
泳者	95	重复8～10次	
蛙式	96	重复3～5次	
平板降臂式	87	每侧重复3～5次	
V形坐	104	保持3～5个呼吸	
反向桌面	105	保持3～5个呼吸	
半伸臂起身	102	重复4～6次	
半伸臂起身	102	每侧重复4～6次	进行倾斜变式

地面融合练习（25分钟）

	练习	页码	建议时间或重复次数	练习建议或调整
地面融合练习（25分钟）	全伸臂起身	103	重复4～6次	
	腹肌支撑	112	重复3～5次	双手放在头后侧，卷起并保持1～2个呼吸，随后落下
	抬腿桌面式	113	重复6～10次	
	单腿拉伸	116	每侧重复6～10次	
	交叉式	117	每侧重复6～10次	
	弯曲和伸展	114	重复6～10次	
	抬腿肩桥式	119	每侧保持5个呼吸	可选择弯曲或者直腿完成动作

练习	页码	建议时间或重复次数	练习建议或调整
跪姿扭转	130	每侧保持3～5个呼吸	保持双腿对齐
低位弓步（右）	135	保持3～5个呼吸	
动态弓步臀部摆动（右）	136	保持3～5个呼吸	
鸽子式（右）	137	保持3～5个呼吸	
低位弓步（左）	135	保持3～5个呼吸	
动态弓步臀部摆动（左）	136	保持3～5个呼吸	
鸽子式（左）	137	保持3～5个呼吸	

平静和恢复练习（5分钟）

	练习	页码	建议时间或重复次数	练习建议或调整
平静和恢复练习（5分钟）	跪姿侧弯	150	每侧保持3～5个呼吸	
	仰卧抱膝拉伸	155	保持5个呼吸	
	仰卧扭转	133	每侧保持5个呼吸	
	仰卧蝴蝶式	157	保持5个呼吸	
	休息式	159	3～5分钟	以积极的语言鼓励自己，在脑海里列举自己最骄傲的事情

全身调节训练

这个训练的名字已经说明一切。全身调节训练分别致力于上身、核心和下身的练习。在这个完整训练中，你可以从第 4 ～ 7 章的融合练习中选择简单或者更有挑战性的体式。更棒的是你可以在一个训练组合中完成更多的动作。这个训练可以每周做 3 ～ 5 次。在获得力量和技巧后，可以增加动作的重复次数或者锻炼时间。

意图：用积极的态度面对训练，专注于你的力量，相信自己会变得更强。

	练习	页码	建议时间或重复次数	练习建议或调整
热身 （10分钟）	站姿 3 D 呼吸 	13	1分钟	挺拔站姿，依靠深呼吸专注于思想和身体
	举臂山式 	42	重复3 ～ 4次	
	侧弯山式 	43	每侧重复3 ～ 4次	
	动态四点拉伸 	146	重复3 ～ 4次	以可控的节奏完成动作

	练习	页码	建议时间或重复次数	练习建议或调整
热身 （10分钟）	站姿体前屈	41	保持3～5个呼吸	以缓慢而有控制的方式，向下折叠和向上起身
	融合拜日式系列2	46	重复3～5组	
	融合拜日式系列3	47	重复3～5组	
过渡	进入山式			
站姿融合练习 （15分钟）	弓步（右）	60	重复8～12次	从山式后退一步到弓步
	新月弓步（右）	64	保持3～5个呼吸	从新月弓步抬起后侧腿到战士3

练习		页码	建议时间或重复次数	练习建议或调整
	战士3（右）	78	保持3～5个呼吸	
	弓步（左）	60	重复8～10次	从战士3后退一步到弓步
站姿融合练习（15分钟）	新月弓步（左）	64	保持3～5个呼吸	从新月弓步，抬起后侧腿到战士3
	战士3（左）	78	保持3～5个呼吸	
	蹲式	50	重复8～10次	以数2～4个数的节奏完成蹲下和起身动作
	扭转椅式	55	每侧保持3～5个呼吸	

练习	页码	建议时间或重复次数	练习建议或调整
单腿平衡（右）	72	保持3～5个呼吸	
单腿蹲式（右）	56	重复8～10次	
单腿平衡（左）	72	保持3～5个呼吸	
单腿蹲式（左）	56	重复8～10次	
芭蕾蹲式	58	重复8～10次	
提踵芭蕾蹲	59	重复8～10次	

站姿融合练习（15分钟）

	练习	页码	建议时间或重复次数	练习建议或调整
站姿融合练习（15分钟）	树式	76	每侧保持3～5个呼吸	
过渡	从站姿体前屈后退一步到板式			
地面融合练习（20分钟）	板式	82	保持3～5个呼吸	
	提髋板式	86	重复4～8次	
	宽俯卧撑	89	重复8～10次	以膝盖或脚趾支撑体重
	侧板式（右）	90	保持3～5个呼吸	以前臂或手掌支撑体重
	泳者	95	重复8～10次	
	侧板式（左）	90	保持3～5个呼吸	以前臂或手掌支撑体重

练习		页码	建议时间或重复次数	练习建议或调整
地面融合练习（20分钟）	上犬式	100	保持3～5个呼吸	
	动态弓式	99	重复3～5次	
	侧弯-侧扭（右）	109，110	重复3～5次	
	V形坐	104	保持3～5个呼吸	
	侧弯 侧扭（左）	109，110	重复3～5次	
	半伸臂起身	102	重复4～8次	

练习		页码	建议时间或重复次数	练习建议或调整
地面融合练习（20分钟）	全伸臂起身	103	重复3～5次	
	抬腿桌面式	113	重复8～10次	
	外旋肩桥式	120	重复8～10次	以数2个数的节奏重复抬起和落下的动作
过渡	进入坐姿			
平静和恢复练习（10分钟）	盘腿体前屈	125	每侧保持3～5个呼吸	
	坐姿扭转	128	每侧保持3～5个呼吸	
	坐姿牛面式	145	每侧保持3～5个呼吸	
	坐姿侧弯	149	每侧保持3～5个呼吸	
	分腿体前屈	124	保持3～5个呼吸	

练习		页码	建议时间或重复次数	练习建议或调整
平静和恢复练习（10分钟）	动态弓步臀部摆动	136	每侧重复3～5次	
	扭转弓步	62	每侧保持3～5个呼吸	
	背部支撑伸展	144	保持3～5个呼吸	
	婴儿式	153	保持3～5个呼吸	
	坐姿冥想		2～5分钟	将意识带入呼吸中，观察每一次吸气和呼气时，身体的精细位移。若思维飘散，有意识地将它带回你的呼吸

上身调节训练

现代生活的便捷方式和技术改变了我们使用上身的方式。上一代人在日常生活中便完成了上身的锻炼，但是对于今天的大多数人来说，情况已发生改变，我们的上身已经开始虚弱，所以上身训练对于整体的健康、功能和美观都非常重要。融合上身调节训练的目标是，在不使用重物或者其他健身设备的情况下，对上身的所有主要肌群进行锻炼。颇具挑战的训练组合可以塑造手臂、胸部和背部肌肉，同时加入核心调节。上身调节训练可以作为其他活动如行走或者跑步的有力补充。根据你的融合训练计划，可以每周做 3 次这种训练。对第 4～7 章中的练习进行调整，增减训练难度，并调整重复次数或体式变化。

意图：这是一项具有挑战性的训练。尽最大的努力去做，相信自己会变得更强。给自己一个信念：我超强。

	练习	页码	建议时间或重复次数	练习建议或调整
热身 （8分钟）	站姿3D呼吸 	13	1～2分钟	挺拔站姿，依靠深长呼吸专注于思想和身体
	举臂山式 	42	重复3～4次	
	侧弯山式 	43	每侧重复3～4次	

	练习	页码	建议时间或重复次数	练习建议或调整
热身 （8分钟）	动态四点拉伸 	146	重复3～5次	以可控的节奏转换练习
	融合拜日式系列2 	46	重复3～5组	
	融合拜日式系列3 	47	重复3～5组	
过渡	进入到山式			
站姿融合 练习 （10分钟）	战士1（右） 	65	保持3～5个呼吸	
	战士2（右） 	66	保持3～5个呼吸	

练习	页码	建议时间或重复次数	练习建议或调整
反战士（右）	68	保持3～5个呼吸	
侧角伸展（右）	70	保持3～5个呼吸	
站姿融合练习（10分钟） 新月弓步（右）	64	保持3～5个呼吸	
平板-窄俯卧撑-上犬式-下犬式组合	82，88，100，38	以可控的节奏进行动作转换，每个动作保持1～2个深呼吸	从新月弓步开始，双手放在地板上后退一步到板式。从下犬式向前迈一步到战士1

练习		页码	建议时间或重复次数	练习建议或调整
站姿融合练习（10分钟）	战士1（左）	65	保持3～5个呼吸	
	战士2（左）	66	保持3～5个呼吸	
	反战士（左）	68	保持3～5个呼吸	
	侧角伸展（左）	70	保持3～5个呼吸	
	新月弓步（左）	64	保持3～5个呼吸	

	练习	页码	建议时间或重复次数	练习建议或调整
站姿融合练习（10分钟）	平板-窄俯卧撑-上犬式-下犬式组合	82,88,100,38	以可控的节奏进行动作转换，每个动作保持1～2个深呼吸	从新月弓步开始，双手放在地板上，后退一步到板式
过渡	由下犬式落向板式			
地面融合练习（25分钟）	板式	82	保持5～10个呼吸	以膝盖或者脚趾支撑体重
	窄俯卧撑	88	重复8～10次	以膝盖或者脚趾支撑体重
	婴儿式	29	保持3～5个呼吸	用作短暂的休息
	板式	37	保持3～5个呼吸	抬起右腿做单腿板式，以膝盖或者脚支撑体重
	窄俯卧撑	88	重复8～10次	抬起右腿以膝盖或者脚支撑体重
	婴儿式	29	保持3～5个呼吸	用作短暂的休息
	板式	82	保持3～5个呼吸	抬起左腿做单腿板式，以膝盖或者脚支撑体重

练习		页码	建议时间或重复次数	练习建议或调整
窄俯卧撑		88	重复8～10次	抬起左腿，以膝盖或者脚支撑体重
背部拉伸		94	重复8～10次	双手平举完成动作
蛙式		96	重复3～5次	
侧板式（右）		90	保持3～5个呼吸	以手掌或者前臂支撑体重
宽俯卧撑		89	重复8～10次	以膝盖或者脚趾支撑体重
侧板式（左）		90	保持3～5个呼吸	以手掌或者前臂支撑体重
泳者		95	重复8～10次	
上犬式		100	保持3～5个呼吸	
侧弯（右）		109	重复3～5次	

地面融合练习（25分钟）

	练习	页码	建议时间或重复次数	练习建议或调整
地面融合 练习 （25分钟）	侧扭（右）	110		
	反桌面式	105	保持3～5个呼吸	屈膝或者直腿完成动作
	侧弯（左）	109	重复3～5次	
	侧扭（左）	110	重复3～5次	
过渡	保持坐姿			
平静和恢 复练习 （8分钟）	坐姿牛面式	145	每侧保持3～5个呼吸	
	坐姿扭转	128	每侧保持3～5个呼吸	
	坐姿侧弯	149	每侧保持3～5个呼吸	

	练习	页码	建议时间或重复次数	练习建议或调整
平静和恢复练习（8分钟）	坐姿体前屈	123	保持3～5个呼吸	
	仰卧扭转	133	每侧保持3～5个呼吸	双腿弯曲
	休息式	159	1～5分钟	花一些时间来恢复身体，放慢心率和呼吸速度，使自己完全平静下来

下身调节训练

下身调节训练的目标是髋部、臀部和大腿，加强和塑造下身肌肉，同时增加灵活性和稳定性，完成有力而优雅的动作。根据你的融合训练计划，可以每周做2～4次下身练习。随后通过增加动作的重复次数或锻炼时间。

意图：专注于寻找身体的平衡。若身体其中一侧更加强壮、稳定和灵活，则需要花更多时间去锻炼较弱的一侧。

	练习	页码	建议时间或重复次数	练习建议或调整
热身（5分钟）	站位3D呼吸	13	1分钟	挺拔站姿，依靠深长呼吸专注于思想和身体
	举臂山式	42	重复3～4次	
	侧弯山式	43	每侧重复3～4次	
	站位体前屈	41	保持3～5个呼吸	

	练习	页码	建议时间或重复次数	练习建议或调整
热身 （5分钟）	融合拜日式系列2	46	重复3～5组	
	低跪腿部拉伸	34	每侧重复3～5次	
过渡	山式			
站姿融合 练习 （20分钟）	蹲式	50	重复8～12次	以数2个数的节奏重复蹲下和起身的动作
	提踵蹲式	52	重复8～12次	
	单腿蹲式（右）	56	重复8～10次	

练习		页码	建议时间或重复次数	练习建议或调整
单腿蹲式（左）		56	重复8～10次	
战士1（右）		65	保持3～5个呼吸	
战士2（右）		66	保持3～5个呼吸	
反战士（右）		68	保持3～5个呼吸	
侧角伸展（右）		70	保持3～5个呼吸	
战士1（左）		65	保持3～5个呼吸	

站姿融合练习（20分钟）

	练习	页码	建议时间或重复次数	练习建议或调整
站姿融合练习（20分钟）	战士2（左）	66	保持3～5个呼吸	
	反战士（左）	68	保持3～5个呼吸	
	侧角伸展（左）	70	保持3～5个呼吸	
	弓步（右）	60	重复8～12次	以数2个数的节奏重复蹲下和起身的动作
	新月弓步（右）	64	保持3～5个呼吸	
	扭转弓步（右）	62	保持3～5个呼吸	

	练习	页码	建议时间或重复次数	练习建议或调整
	弓步（左）	60	重复8～12次	以数2个数的节奏重复蹲下和起身的动作
	新月弓步（左）	64	保持3～5个呼吸	
站姿融合练习（20分钟）	扭转弓步（左）	62	保持3～5个呼吸	
	屈膝蹲式（右）	57	重复8～12次	
	屈膝蹲式（右）	57	重复8～12次	可以做扭转变式
	屈膝蹲式（左）	57	重复8～12次	

	练习	页码	建议时间或重复次数	练习建议或调整
站姿融合练习（20分钟）	屈膝蹲式（左）	57	重复8～12次	可以做扭转变式
	幻椅式	54	保持5个呼吸	
	扭转椅式	55	每侧保持3～5个呼吸	
	芭蕾蹲式	58	重复8～12次	
	提踵芭蕾蹲式	59	重复8～12次	
过渡	从站姿体前屈后退一步，到跪姿			
地面融合练习（25分钟）	两点桌面式	92	每侧重复3～5次	交替抬起对侧手臂和腿

练习		页码	建议时间或重复次数	练习建议或调整
	两点桌面式	92	每侧重复3～5次	做交叉腿变式
	髋部伸展	98	保持3～5个呼吸，重复3次	直腿完成
	髋部伸展	98	重复8～10次	交替弯曲和伸直腿
	侧抬腿式（右）	107	重复8～10次	
	侧环腿式（右）	108	重复8～10次	以手掌或者前臂支撑体重
地面融合练习（25分钟）	侧弯（右）	109	重复3～5次	
	侧抬腿式（左）	107	重复8～10次	
	侧环腿式（左）	108	重复8～10次	以手掌或者前臂支撑体重
	侧弯（左）	109	重复3～5次	
	反桌面式	105	保持3～5个呼吸，重复3次	屈膝或者直腿完成动作

	练习	页码	建议时间或重复次数	练习建议或调整
地面融合练习（25分钟）	肩桥式	118	重复8～10次	按数2个数的节奏重复蹲下和起身的动作
	外旋肩桥式	120	重复8～10次	按数2个数的节奏重复蹲下和起身的动作
过渡	进入跪姿			
平静和恢复练习（10分钟）	低位弓步（右）	135	保持3～5个呼吸	
	动态弓步臀部摆动（右）	136	重复3～5次	
	鸽子式（右）	137	保持3～5个呼吸	
	低位弓步（左）	135	保持3～5个呼吸	
	动态弓步臀部摆动（左）	136	重复3～5次	
	鸽子式（左）	137	保持3～5个呼吸	

练习	页码	建议时间或重复次数	练习建议或调整
仰卧单腿抱膝拉伸	156	每侧保持3～5个呼吸	
仰卧腿部拉伸	139	每侧保持3～5个呼吸	
仰卧内收肌拉伸	140	每侧保持3～5个呼吸	
仰卧外展肌拉伸	141	每侧保持3～5个呼吸	
仰卧像-4	142	每侧保持3～5个呼吸	
快乐宝贝	158	保持3～5个呼吸	
仰卧蝴蝶式	157	1分钟	呼吸，放松

平静和恢复练习（10分钟）

恢复和放松训练

　　这是平静和恢复身体的练习。当你只需要放松而不需要加强锻炼时，完成这个练习。制定计划时，在高强度锻炼后的一天安排恢复和放松训练，以帮助身体恢复。你也可以在一组练习后做这个训练来伸展和放松，它可以天天做。

　　意图：释放和伸展自己，沉浸在练习中。专注于悠长而松弛的呼吸。

	练习	页码	建议时间或重复次数	练习建议或调整
热身（5～15分钟）	坐姿3D呼吸	13	1分钟	坐姿，依靠深长呼吸专注于思想和身体
	坐姿积极冥想		3～10分钟	设定时间，陷入沉思。专注于自己愉悦而平静的想法和阶段
	婴儿式	29	保持5～10个呼吸	如果婴儿式不舒服，可以采用小狗式
	猫牛伸展	30	重复3～5次	
过渡	进入坐姿			
平静和恢复练习（20～30分钟）	盘腿体前屈	125	每侧保持5个呼吸	

练习	页码	建议时间或重复次数	练习建议或调整
坐姿侧弯	149	每侧保持5个呼吸	
坐姿扭转	128	每侧保持5个呼吸	
坐姿体前屈	123	保持5个呼吸	
蝴蝶坐	138	保持5个呼吸	
坐姿牛面式	145	每侧保持5个呼吸	
分腿体前屈	124	保持5个呼吸	
低位弓步（右）	135	保持5个呼吸	
扭转弓步（右）	62	保持5个呼吸	

平静和恢复练习（20～30分钟）

练习		页码	建议时间或重复次数	练习建议或调整
鸽子式（右）		137	保持5个呼吸	
小狗式		126	保持5个呼吸	
低位弓步（左）		135	保持5个呼吸	
扭转弓步（左）		62	保持5个呼吸	
鸽子式（左）		137	保持5个呼吸	
跪姿扭转		130	每侧保持5个呼吸	
背部支撑伸展		144	保持5个呼吸	
婴儿式		153	保持5个呼吸	

平静和恢复练习（20～30分钟）

练习		页码	建议时间或重复次数	练习建议或调整
仰卧抱膝拉伸		155	保持5个呼吸	
仰卧单腿换膝拉伸（右）		156	保持5个呼吸	做环膝动作
仰卧腿部拉伸（右）		139	保持5个呼吸	
仰卧外展肌拉伸（右）		141	保持5个呼吸	
仰卧内收肌拉伸（右）		140	保持5个呼吸	
仰卧像-4（右）		142	保持5个呼吸	
仰卧扭转（右）		133	保持5个呼吸	
仰卧抱膝拉伸		155	保持5个呼吸	

平静和恢复练习（20～30分钟）

练习	页码	建议时间或重复次数	练习建议或调整
仰卧单腿抱膝拉伸（左）	156	保持5个呼吸	做环膝动作
仰卧腿部拉伸（左）	139	保持5个呼吸	
仰卧外展肌拉伸（左）	141	保持5个呼吸	
仰卧内收肌拉伸（左）	140	保持5个呼吸	
仰卧像-4（左）	142	保持5个呼吸	
仰卧扭转（左）	133	保持5个呼吸	
仰卧蝴蝶式	157	保持5个呼吸	
快乐宝贝	158	保持5个呼吸	

平静和恢复练习（20～30分钟）

练习		页码	建议时间或重复次数	练习建议或调整
平静和恢复练习（20～30分钟）	平静湖	154	保持5个呼吸	
	休息式	159	1～10分钟	专注于悠长而平静放松的呼吸

11

融合训练

· 根据活动

本章的练习基于你想要体验的训练风格，衍生于普拉提和健身的核心练习，或在把杆体式中挑战平衡、灵活和优雅的动作。通过改变练习的重复次数或持续时间，你可以轻易地提高或降低锻炼强度。第 4 章中的热身练习以及第 7 章中的平静和恢复性练习可以用于预热或平静阶段。在随后的锻炼图示中，你会在练习的任意一个步骤中发现它们，请根据页码参阅。第 3 章介绍的正念练习也会出现在训练模板中。

运动员训练

无论你是健身爱好者，还是业余或者竞技运动员，训练都会引起紧张并造成肌肉失衡。健身经常会造成臀部、腰背、肩前和胸部过紧。这项训练旨在释放问题区域的紧张性并增加灵活性，同时加强力量。运动员训练基于身体并极富挑战性。你可以每周进行 3 次锻炼，并且应该加入例如 20 分钟训练或恢复和放松训练等低强度练习。并通过改变动作重复的次数和练习时间来调节锻炼的强度。

意图：是时候放下跟自己或别人的竞争了。意识到是否用力过猛，尊重自己的感受和局限。

	练习	页码	建议时间或重复次数	练习建议或调整
热身（10分钟）	婴儿式	29	保持 5 个呼吸	采用3D呼吸，重点扩展胸腔背侧
	猫牛伸展	30	重复 3 ～ 4 次	以可控的节奏在猫式和牛式间切换
	脊柱斜穿式扭转	32	每侧重复 3 ～ 4 次	在脊柱扭转和穿针式之间切换，每个动作保持 2 ～ 3 个呼吸

	练习	页码	建议时间或重复次数	练习建议或调整
热身 （10分钟）	低跪腿部拉伸	34	每侧重复3~4次	手放在地板上，以可控的节奏在弓步和腿部拉伸动作间切换
	下犬式	38	保持5个呼吸	如果下犬式不舒服，可以采用婴儿式
	站姿体前屈	41	重复3~4次	缓慢地向下折叠和向上起身
	融合拜日式系列1	45	重复2~3组	
	融合拜日式系列2	46	重复2~3组	

	练习	页码	建议时间或重复次数	练习建议或调整
过渡	由站姿或下犬式向前迈到弓步			
站姿融合练习（15分钟）	新月弓步(右)	64	保持3～5个呼吸	手臂举过头顶，也可以做手臂放在背后的变式
	弓步	60	保持3～5个呼吸	双手放在地板上
	扭转弓步(右)	62	保持3～5个呼吸	
	下犬式	38	保持3～5个呼吸	
	新月弓步(左)	64	保持3～5个呼吸	手臂举过头顶，也可以做手臂放在背后的变式
	弓步(左)	60	保持3～5个呼吸	双手放在地板上

	练习	页码	建议时间或重复次数	练习建议或调整
站姿融合练习（15分钟）	扭转弓步（左）	62	保持3～5个呼吸	
	战士2（右）	66	保持3～5个呼吸	
	反战士（右）	68	保持3～5个呼吸	
	侧角伸展（右）	70	保持3～5个呼吸	
	半月式（右）	80	保持3～5个呼吸	
	下犬式	38	保持3～5个呼吸	

练习		页码	建议时间或重复次数	练习建议或调整
站姿融合练习（15分钟）	战士2（左）	66	保持3～5个呼吸	
	反战士（左）	68	保持3～5个呼吸	
	侧角伸展（左）	70	保持3～5个呼吸	
	半月式（左）	80	保持3～5个呼吸	
	树式	76	每侧保持3～5个呼吸	
过渡	由站姿体前屈后退一步到跪姿			

	练习	页码	建议时间或重复次数	练习建议或调整
地面融合练习（15分钟）	两点桌面式	92	每侧重复4～6次	交替抬起对侧腿和手臂，手肘和膝盖相触
	窄俯卧撑	88	重复6～15次	用膝盖或者脚趾支撑体重
	背部伸展	94	保持3～5个呼吸	双手放在地板上
	提髋平板	86	每侧重复4～6次	
	上犬式	100	保持3～5个呼吸	如果上犬式不舒服，可以做背部支撑伸展
	下犬式	38	保持3～5个呼吸	
	板式-窄俯卧撑-上犬式-下犬式组合	82，88，100，38	每个动作保持1～2个呼吸	以可控的节奏从一个动作向下一个动作转换

	练习	页码	建议时间或重复次数	练习建议或调整
地面融合练习（15分钟）	动态弓式	99	保持3～5个呼吸	也可以用半弓式代替全弓式
	宽俯卧撑	89	重复6～15次	以双膝或者脚趾支撑体重
	侧扭	110	每侧重复3～5次	以手掌或者前臂支撑体重
	全伸臂起身	103	重复4～6次	
	腹肌支撑	112	重复3～5次	双手放在头后。腹部卷起保持1～2个呼吸后落下
	抬腿桌面式	113	重复6～10次	抬起单腿或双腿
	肩桥式	118	重复8～10次	以数2个数的节奏重复抬起和落下的动作
	外旋肩桥式	120	重复8～10次	以数2个数的节奏重复抬起和落下的动作
平静和恢复练习（10分钟）	仰卧抱膝拉伸	155	保持3～5个呼吸	
	仰卧单腿抱膝拉伸（右）	156	保持3～5个呼吸	

练习	页码	建议时间或重复次数	练习建议或调整
仰卧腿部拉伸（右）	139	保持3～5个呼吸	
仰卧外展肌拉伸（右）	141	保持3～5个呼吸	
仰卧内收肌拉伸（右）	140	保持3～5个呼吸	
仰卧扭转（右）	133	保持3～5个呼吸	保持一条腿伸直
仰卧像-4（右）	142	保持3～5个呼吸	
仰卧抱膝拉伸	155	保持3～5个呼吸	
仰卧单腿抱膝拉伸（左）	156	保持3～5个呼吸	
仰卧腿部拉伸（左）	139	保持3～5个呼吸	
仰卧外展肌拉伸（左）	141	保持3～5个呼吸	

平静和恢复练习（10分钟）

	练习	页码	建议时间或重复次数	练习建议或调整
平静和恢复练习（10分钟）	仰卧内收肌拉伸（左）	140	保持3～5个呼吸	
	仰卧扭转（左）	133	保持3～5个呼吸	保持一条腿伸直
	仰卧像-4（左）	142	保持3～5个呼吸	
	快乐宝贝	158	保持3～5个呼吸	
	平静湖	154	保持3～5个呼吸	
	渐进式放松		休息2～5分钟	

把杆训练

这个训练是为深藏在你心中的舞者而来。融合把杆训练将舞蹈、瑜伽和普拉提的元素相结合，提升耐力、灵活性、平衡性和肌张力，旨在增强训练的优雅和流畅性。动作练习的重点是塑造像舞者一样修长和延展的肢体。你可以每周进行三到四次融合把杆训练，结合一次强度略低的练习，比如融合恢复和放松训练。随着健身水平和技巧的提高，可以加快动作节奏并从第 4 ~ 7 章的融合练习中挑选更挑战性的变化体式。

意图：尽管这个训练具有一定的挑战性，请依然要保持轻松优雅的动作，像真正的舞者一样。

	练习	页码	建议时间或重复次数	练习建议或调整
热身 （10分钟）	单臂山式 	42	重复 3 ~ 4 次	
	侧弯山式 	43	每侧重复 3 ~ 4 次	
	动态四点拉伸 	146	重复 3 ~ 4 次	以可控的节奏完成动作

	练习	页码	建议时间或重复次数	练习建议或调整
热身（10分钟）	站姿体前屈	41	重复3～4次	以可控的节奏向下折叠和向上起身
	融合拜日式系列1	45	重复2～3组	
	融合拜日式系列2	46	重复2～3组	
	融合拜日式系列3	47	重复2～3组	
过渡	从山式侧跨步迈到芭蕾蹲式			
站姿融合练习（20分钟）	芭蕾蹲式	58	重复8～12次	

	练习	页码	建议时间或重复次数	练习建议或调整
站姿融合练习（20分钟）	提踵芭蕾蹲式	59	重复8～12次	保持芭蕾蹲式稳定，交替提起双踵
	弓步（右）	60	重复8～12次	从芭蕾蹲式转换到侧弓步，在弓步状态，以数2个数的节奏重复蹲下和起身动作
	芭蕾蹲式	58	重复8～12次	
	提踵芭蕾蹲式	59	重复8～12次	保持芭蕾蹲式稳定，交替提起双踵
	弓步（左）	60	重复8～12次	从芭蕾蹲式转换到侧弓步，在弓步状态，以数2个数的节奏重复蹲下和起身动作
	屈膝蹲式（右）	57	重复8～12次	

	练习	页码	建议时间或重复次数	练习建议或调整
	屈膝蹲式（右）	57	重复8～12次	做扭转变式
	侧平衡（右）	74	保持3～5个呼吸	
站姿融合练习（20分钟）	屈膝蹲式（左）	57	重复8～12次	
	屈膝蹲式（左）	57	重复8～12次	做扭转变式
	侧平衡（左）	74	保持3～5个呼吸	

	练习	页码	建议时间或重复次数	练习建议或调整
站姿融合练习（20分钟）	单腿平衡-弓步（右）	72, 60	重复8～12次	从单腿平衡后退一步到弓步，然后回到提膝单腿平衡
	扭转弓步（右）	62	保持3～5个呼吸	
	单腿平衡-弓步（左）	72, 60	重复8～12次	从单腿平衡后退一步到弓步，然后回到提膝单腿平衡
	扭转弓步（左）	62	保持3～5个呼吸	

练习		页码	建议时间或重复次数	练习建议或调整
站姿融合练习（20分钟）	屈膝蹲式-芭蕾蹲式（右）	57, 58	重复8～12次	由屈膝蹲式侧跨步迈到芭蕾蹲式，再回到屈膝蹲式，重复动作
	屈膝蹲式-芭蕾蹲式（左）	57, 58	重复8～12次	由屈膝蹲式侧跨步迈到芭蕾蹲式，再回到屈膝蹲式，重复动作
	树式	76	每侧保持3～5个呼吸	
过渡	曲站姿体前屈转换到跪姿			
地面融合练习（25分钟）	两点式桌面	92	每个练习重复4～6次	交替抬起对侧腿和手臂，手肘和膝盖相触
	蛙式	96	重复4～6次	
	髋部伸展	98	重复4～6次	直腿完成或做屈腿变式

	练习	页码	建议时间或重复次数	练习建议或调整
地面融合练习（25分钟）	动态弓	99	保持3～5个呼吸	
	坐姿体前屈	123	保持3～5个呼吸	在进行下一个练习前，在坐姿体前屈状态稍作休息
	V形坐	104	保持3～5个呼吸	腿可以弯曲、伸直或交叉，保持抬起
	反桌面式	105	保持3～5个呼吸	作为到坐姿的过渡体式
	全伸臂起身	103	重复4～6次	
	弯曲和伸展	114	重复4～6次	
	单腿拉伸	116	每侧重复6～10次	
	交叉式	117	每侧重复6～10次	
	侧弯（右）	109	重复3～5次	

	练习	页码	建议时间或重复次数	练习建议或调整
地面融合练习（25分钟）	侧扭（右）	110	重复3～5次	
	侧弯（左）	109	重复3～5次	
	侧扭（左）	110	重复3～5次	
	抬腿肩桥式	119	重复8～10次	屈膝完成或做直腿变式
	外旋肩桥式	120	重复8～10次	以数2个数的节奏重复抬起和落下的动作
过渡	卷起，进入跪姿			
平静和恢复训练（8分钟）	跪姿侧弯	150	每侧保持3～5个呼吸	
	鸽子式	137	每侧保持3～5个呼吸	

练习	页码	建议时间或重复次数	练习建议或调整
坐姿体前屈	123	保持3～5个呼吸	
分腿体前屈	124	保持3～5个呼吸	
坐姿侧弯	149	每侧保持3～5个呼吸	
坐姿扭转	128	每侧保持3～5个呼吸	
蝴蝶坐	138	保持3～5个呼吸	
仰卧腿部拉伸（右）	139	保持3～5个呼吸	
仰卧外展肌拉伸（右）	141	保持3～5个呼吸	
仰卧内收肌拉伸（右）	140	保持3～5个呼吸	
仰卧抱膝拉伸	155	保持3～5个呼吸	

平静和恢复练习（8分钟）

练习		页码	建议时间或重复次数	练习建议或调整
平静和恢复练习（8分钟）	仰卧蝴蝶式	157	保持3～5个呼吸	
	仰卧腿部拉伸（左）	139	保持3～5个呼吸	
	仰卧外展肌拉伸（左）	141	保持3～5个呼吸	
	仰卧内收肌拉伸（左）	140	保持3～5个呼吸	
	仰卧抱膝拉伸	155	保持3～5个呼吸	
	仰卧蝴蝶式	157	保持3～5个呼吸	
	休息式	159	休息2～5分钟	释放紧张，背部紧贴地面，几乎陷入。打开身体前侧，让呼吸自由地穿过你的身体

普拉提核心训练

普拉提核心训练有助于加强和塑造核心并规范体式。它将现代调节方式、瑜伽和普拉提运动融合在一起，挑战核心及其对动作的控制力，迸发能量。参与这项具有挑战性的训练，给自己进步的时间和适当的休息，每周练习 2 ～ 4 次。为了取得更好的效果，可从第 4 ～ 7 章的融合练习中选择更具挑战性的体式变化。

意图：关注核心的层次。在整个训练过程中，使用 3D 呼吸法激活最深层到最表面的核心肌群。

	练习	页码	建议时间或重复次数	练习建议或调整
热身 （10分钟）	站姿3D呼吸 	13	1分钟	以深长呼吸专注于思想和身体
	举臂山式 	42	重复3 ～ 4次	
	侧弯山式 	43	每侧重复3 ～ 4次	

	练习	页码	建议时间或重复次数	练习建议或调整
热身 （10分钟）	动态四点拉伸	146	重复3～4次	以可控的节奏完成动作
	站姿体前屈	41	重复3～4次	以缓慢而有控制的节奏向下折叠和向上起身
	融合拜日式系列1	45	重复2～3组	
	融合拜日式系列2	46	重复2～3组	
	低跪腿部拉伸	34	每侧重复2～3次	以可控的节奏完成动作

	练习	页码	建议时间或重复次数	练习建议或调整
过渡	弓步起身到站姿			
站姿融合练习（20分钟）	单腿平衡-弓步	72，60	每侧重复8～12次	从单腿平衡到弓步，再回到提膝单腿平衡。以数2个数的节奏起落
	侧平衡	74	每侧保持3～5个呼吸	
	屈膝蹲式（右）	57	重复8～10次	从屈膝蹲式过渡到扭转屈膝蹲变化体式。每侧重复8～10次
	屈膝蹲式（左）	57	重复8～10次	从屈膝蹲式过渡到扭转屈膝蹲变化体式。每侧重复8～10次

练习		页码	建议时间或重复次数	练习建议或调整
站姿融合练习（20分钟）	新月弓步-战士3（右）	64，78	重复3～5次	以数2～4个数的节奏在新月弓步和战士3体式间切换
	战士3（右）	78	保持3～5个呼吸	保持战士3，手臂做泳者式动作
	新月弓步-战士3（左）	64，78	重复3～5次	以数2～4个数的节奏在新月弓步和战士3体式间转换
	战士3（左）	78	保持3～5个呼吸	保持战士3，手臂做泳者式动作
	芭蕾蹲式	58	重复8～10次	可以增加提踵，作为选择

	练习	页码	建议时间或重复次数	练习建议或调整
过渡	站姿体前屈后退到板式			
地面融合练习（25分钟）	板式	82	保持3～5个呼吸	
	单腿板式	83	每侧重复6～8次	以膝盖或者脚趾支撑体重。双腿交替上抬
	窄俯卧撑	88	重复4～8次	以膝盖或者脚趾支撑体重
	提膝系列（右）	84	重复3～4次	
	提膝系列（左）	84	重复3～4次	
	婴儿式	29	保持3～5个呼吸	作为休息
	两点桌面式	92	保持3～5个呼吸	交替抬起双侧腿和手臂，手肘和膝盖相触
	泳者	95	重复4～6次	
	蛙式	96	重复4～6次	
	侧弯（右）	109	重复3～6次	
	侧扭（右）	110	重复3～6次	

练习	页码	建议时间或重复次数	练习建议或调整
侧弯（左）	109	重复3～6次	
侧扭（左）	110	重复3～6次	
半伸臂起身	102	重复6～10次	
半伸臂起身	102	每侧重复6～10次	做倾斜的体式变化
全伸臂起身	103	重复3～6次	
侧抬腿式（右）	107	重复4～6次	
侧环腿式（右）	108	重复4～6次	
侧抬腿式（左）	107	重复4～6次	
侧环腿式（左）	108	重复4～6次	
腹肌支撑	112	重复3～4次	双手放在头后侧，腹部卷起并保持1～2个呼吸随后落下

地面融合练习（25分钟）

	练习	页码	建议时间或重复次数	练习建议或调整
地面融合练习（25分钟）	弯曲和伸展	114	每侧重复6～8次	
	单腿拉伸	116	每侧重复6～8次	
	交叉式	117	每侧重复6～8次	
	抬腿肩桥式	119	重复4～6次	可选择屈膝或直腿完成动作
过渡	进入跪姿			
平静和恢复练习（5分钟）	小狗式	126	保持3～5个呼吸	
	支撑背部伸展	144	保持3～5个呼吸	
	跪姿扭转	130	保持3～5个呼吸	

	练习	页码	建议时间或重复次数	练习建议或调整
平静和恢复练习（5分钟）	穿针式	132	每侧保持3～5个呼吸	
	跪姿侧弯	150	每侧保持3～5个呼吸	
	鸽子式	137	每侧保持3～5个呼吸	
	坐姿体前屈	123	保持3～5个呼吸	
	分腿体前屈	124	保持3～5个呼吸	
	盘腿坐姿扭转	129	每侧保持3～5个呼吸	
	蝴蝶坐	138	保持3～5个呼吸	
	坐姿侧弯	149	每侧保持3～5个呼吸	
	快乐宝贝	158	保持3～5个呼吸	

瑜伽—普拉提混合训练

这个训练将瑜伽和普拉提完美结合，以塑造力量、平衡性、稳定性和灵活性。瑜伽的站姿练习增强力量和耐力，而普拉提专注于核心，二者有效结合，带来双重收获。每周进行 3 ~ 4 次瑜伽与普拉提的混合训练，并结合第 10 章中的融合恢复和放松训练。增加动作的重复次数和保持更长时间的静态练习可以提升训练强度。倾听你的身体，在需要时稍作休息。

意图：理想情况下，流动性和稳定性是完美平衡的。这个练习旨在带你找到这个平衡。观察自己紧张和缺乏流动性的部位，并分析它们如何影响你的稳定性。通常当你紧张或缺乏流动性时，你的稳定性会受到影响。每个人都会遭遇身体失衡——多关注自己的状态。

	练习	页码	建议时间或重复次数	练习建议或调整
热身（10分钟）	坐姿3D呼吸	13	1分钟	以深呼吸专注于思想和身体
	婴儿式	29	保持3 ~ 5个呼吸	
	下犬式	38	保持3 ~ 5个呼吸	
	动态四点拉伸	146	重复3 ~ 4次	以可控的节奏完成动作
	站姿体前屈	41	保持3 ~ 5个呼吸	

练习		页码	建议时间或重复次数	练习建议或调整
热身 （10分钟）	融合拜日式系列1 	45	重复2～3组	
	融合拜日式系列2 	46	重复2～3组	
	融合拜日式系列3 	47	重复2～3组	
过渡	由站姿后退到弓步			
站姿融合 练习 （20分钟）	弓步（右） 	60	重复8～12次	以数2个数的节奏重复蹲下和起身的动作
	新月弓步（右） 	64	保持3～5个呼吸	

	练习	页码	建议时间或重复次数	练习建议或调整
站姿融合练习（20分钟）	融合拜日式系列2	46	每个动作呼吸1～2次	动态地完成四个动作。向前一步，从下犬式向前迈到弓步
	弓步（左）	60	重复8～10次	以数2个数的节奏重复蹲下和起身的动作
	新月弓步（左）	64	保持3～5个呼吸	
	融合拜日式系列2	46	每个动作保持1～2个呼吸	动态地完成四个动作。向前一步，从下犬式向前迈到战士2
	战士2（右）	66	保持3～5个呼吸	

练习		页码	建议时间或重复次数	练习建议或调整
站姿融合练习（20分钟）	反战士（右）	68	保持3～5个呼吸	
	侧角伸展（右）	70	保持3～5个呼吸	
	半月式（右）	80	保持3～5个呼吸	
	融合拜日式系列2	46	每个动作呼吸1～2次	动态地完成四个动作。向前一步，从下犬式迈到战士2
	战士2（左）	67	保持3～5个呼吸	

练习		页码	建议时间或重复次数	练习建议或调整
站姿融合练习（20分钟）	反战士（左）	68	保持3～5个呼吸	
	侧角伸展（左）	70	保持3～5个呼吸	
	半月式（左）	80	保持3～5个呼吸	
	融合拜日式系列2	46	每个动作呼吸1～2次	动态地完成四个动作。向前一步，从下犬式迈到战士1
	战士1（右）	65	保持3～5个呼吸	

练习		页码	建议时间或重复次数	练习建议或调整
	扭转弓步（右）	62	保持3～5个呼吸	支撑腿后退，做侧平板
	融合拜日式系列2	46	每个动作重复1～2个呼吸	动态地完成四个动作。向前一步，从下犬式迈到战士1
站姿融合练习（20分钟）	战士1（左）	65	保持3～5个呼吸	
	扭转弓步（左）	62	保持3～5个呼吸	一条腿后退到侧板式
	蹲式	50	重复8～10次	

练习		页码	建议时间或重复次数	练习建议或调整
站姿融合练习（20分钟）	树式	76	每侧保持呼吸3～5次	双臂举过头顶
过渡	从站姿体前屈后退一步到板式			
地面融合练习（25分钟）	板式	82	保持该姿势，呼吸3～5次	
	窄俯卧撑	88	每侧重复6～8次	用双膝或脚趾支撑体重
	背部伸展	94	重复4～6次	
	侧抬腿式（右）	107	重复8～10次	
	侧环腿式（右）	108	重复8～10次	
	侧抬腿式（左）	107	重复8～10次	
	侧环腿式（左）	108	重复8～10次	
	动态弓	99	每个练习重复4～6次	可选择全弓或半弓

练习		页码	建议时间或重复次数	练习建议或调整
	侧扭	110	每侧重复 4 ～ 6 次	
	坐姿体前屈	123	保持 3 ～ 5 个呼吸	
	V 形坐	104	保持 3 ～ 5 个呼吸，重复 2 次	屈腿或直腿并离开地板
	反桌面式	105	保持 3 ～ 5 个呼吸，重复 2 次	
地面融合练习（25分钟）	全伸臂起身	103	重复 4 ～ 6 次	
	抬腿桌面式	113	每侧重复 6 ～ 10 次	
	交叉式	117	每侧重复 6 ～ 10 次	
	抬腿肩桥式	119	重复 4 ～ 6 次	可选择屈膝或直腿完成动作。以可控的速度起落
过渡	进入坐姿			

练习		页码	建议时间或重复次数	练习建议或调整
	盘腿体前屈	125	保持3～5个呼吸	
	盘腿扭转	129	每侧保持3～5个呼吸	
	坐姿体前屈	123	保持3～5个呼吸	
	坐姿牛面式	145	每侧保持3～5个呼吸	
平静和恢复练习（8分钟）	仰卧单腿拉伸（右）	156	保持3～5个呼吸	
	仰卧腿部拉伸（右）	139	保持3～5个呼吸	
	仰卧像-4（右）	142	保持3～5个呼吸	
	仰卧抱膝拉伸（左）	156	保持3～5个呼吸	
	仰卧腿部拉伸（左）	139	保持3～5个呼吸	

	练习	页码	建议时间或重复次数	练习建议或调整
平静和恢复练习（8分钟）	仰卧像-4（左）	142	保持3 ~ 5个呼吸	
	休息式	159	休息2 ~ 5分钟	静思。选择一个能带给你快乐的词。专注于你选择的词和它所创造的视觉效果。你选的词可能是和平、爱、感恩、快乐、微笑、满足，或是其他任何美好的词。把它带到你的生活中去

附录 A

创建一个融合训练

融合训练设计模板供你创建属于自己独特的融合训练计划。回顾涉及热身、站姿练习、地面练习、平静和恢复练习及根据训练日的选择练习的章节，当你对这些练习充满信心，便可以使用融合训练五步系统来创建训练。

在空白的融合训练模板中填写你的练习选择、持续时间和重复次数。你选择的练习数量取决于你的技能水平、锻炼能力、可支配时间和锻炼偏好。无论是挑战性的练习还是恢复性练习，进行练习的时间或重复的次数取决于你的训练意图和预期效果。换句话说，如果想挑战自己，你需要完成足够多的重复次数或者坚持足够长的时间，直至感觉肌肉疲劳。如果你的目标是恢复，那么选择少量站姿和地面练习，而更多地从平静和恢复部分选择练习。

一般建议在热身阶段选择 4～5 个练习或融合拜日式练习，5～8 个站姿和地面力量、平衡性和灵活性的练习，最后选择 4～5 个平静和恢复练习。调整节奏、重复次数和时间长度，给自己一个最适合的训练计划。

充满发挥创意，尝试不同的运动组合，或者使用一个融合训练计划提供基本思路，增加或改变其中一些练习来丰富训练的多样性。例如，开始重复 10 组交替健身弓步，伴随 5 个深呼吸进行右腿支撑的瑜伽新月弓步，随后进入瑜伽战士3 体式，保持 5 个深呼吸，最后进行 10 个健身深蹲。在左侧以健身弓步开始，重复同样的练习序列。

你的融合训练选项是无穷无尽的。在享受训练乐趣的同时，一定要记住安全第一。在无痛的范围内，选择最适合你的运动。你选择的动作重复次数应该是有一定的挑战性，但不能让你感到筋疲力尽。参与训练时，记得使用 3D 呼吸技术，为身体提供急需的能量和专注力。

融合训练五步系统训练模板

目标：

	练习	页码	建议时间或重复次数	练习建议或调整
热身 （5分钟）				
过渡				

	练习	页码	建议时间或重复次数	练习建议或调整
站姿融合 练习 （10分钟）				
过渡				

	练习	页码	建议时间或重复次数	练习建议或调整
地面融合练习（10分钟）				
过渡				
平静和恢复练习（5分钟）				

选自 H. Vanderburg，2017，*Fusion Workouts*.（Champaign，IL：Human Kinetics）.

附录B

每周融合训练计划示例

融合训练计划示例建议将周计划持续 6 周以上。日常规律地进行训练，养成健身习惯，在高难度和低难度练习间保持平衡。在每个阶段的第一周用来适应练习和训练。从第二周开始挑战，提高自己的技巧，保持正念，或进行更多的高水平融合练习。一旦你完成了整 6 周的计划，就可以返回到第 3 周和第 4 周的训练方案，或者进入下一阶段。

初级水平

在初级水平阶段，每一个训练从有意识呼吸和 3D 呼吸练习开始。同时进行简单调节练习，在第 1 周和第 2 周，每周练习 2 ～ 3 次；第 3 周和第 4 周，每周练习 3 ～ 4 次；第 5 周和第 6 周，每周练习 4 ～ 5 次。调节练习可以在训练前或训练后进行，或在其他时间单独完成。

初级水平　第 1 周和第 2 周

星期一	164 页	入门水平训练
星期二	190 页	20 分钟训练
星期三	245 页	恢复和放松训练
星期四	164 页	入门水平训练
星期五	190 页	20 分钟训练
星期六	245 页	恢复和放松训练
星期日	210 页	核心调节训练

初级水平　第 3 周和第 4 周

星期一	164 页	入门水平训练
星期二	228 页	上身调节训练
星期三	236 页	下身调节训练
星期四	245 页	恢复和放松训练
星期五	210 页	核心调节训练
星期六	190 页	20 分钟训练
星期日	245 页	恢复和放松训练

初级水平　第 5 周和第 6 周

星期一	169 页	发展水平训练
星期二	245 页	恢复和放松训练
星期三	210 页	核心调节训练
星期四	228 页	上身调节训练
星期五	261 页	把杆训练
星期六	245 页	恢复和放松训练
星期日	190 页	20 分钟训练

中级水平

在中级水平里，仍以有意识呼吸和3D呼吸开始每一项练习。在第1周和第2周，每周进行2～3次简单的调节训练；第3周和第4周，每周进行3～4次；而第5周和第6周，每周则进行4～5次。

中级水平　第1周和第2周

星期一	169 页	发展水平训练
星期二	210 页	核心调节训练
星期三	195 页	40分钟训练
星期四	245 页	恢复和放松训练
星期五	279 页	瑜伽普拉提混合训练
星期六	169 页	发展水平训练
星期日	245 页	恢复和放松训练

中级水平　第3周和第4周

星期一	195 页	40分钟训练
星期二	169 页	发展水平训练
星期三	261 页	把杆训练
星期四	245 页	恢复和放松训练
星期五	228 页	上身调节训练
星期六	236 页	下身调节训练
星期日	245 页	恢复和放松训练

中级水平　第5周和第6周

星期一	220 页	全身调节训练
星期二	271 页	普拉提核心训练
星期三	195 页	40分钟训练
星期四	245 页	恢复和放松训练
星期五	279 页	瑜伽普拉提混合训练
星期六	169 页	发展水平训练
星期日	245 页	恢复和放松训练

高级水平

在高级水平练习中，同样以有意识呼吸和 3D 呼吸开始每一项练习。在第 1 周和第 2 周，每周进行 2～3 次简单的调节训练；第 3 周和第 4 周，每周进行 3～4 次；第 5 周和第 6 周，每周进行 4～5 次。

高级水平　第 1 周和第 2 周

星期一	177 页	挑战水平训练
星期二	271 页	普拉提核心训练
星期三	200 页	60 分钟训练
星期四	261 页	把杆训练
星期五	245 页	恢复和放松训练
星期六	220 页	全身调节训练
星期日	210 页	核心调节训练

高级水平　第 3 周和第 4 周

星期一	252 页	运动员训练
星期二	279 页	瑜伽普拉提混合训练
星期三	200 页	60 分钟训练
星期四	245 页	恢复和放松训练
星期五	220 页	全身调节训练
星期六	177 页	挑战水平训练
星期日	271 页	普拉提核心训练

高级水平　第 5 周和第 6 周

星期一	220 页	全身调节训练
星期二	261 页	把杆训练
星期三	177 页	挑战水平训练
星期四	200 页	60 分钟训练
星期五	271 页	普拉提核心训练
星期六	252 页	运动员训练
星期日	245 页	恢复和放松训练

作者简介

海伦·范德堡，BPE，是 "Heavens Elevated 健身、瑜伽和钢管舞工作室" 的创建者和所有者，融合健身训练 ™ 的项目开发者。她自 1982 年开始从事健身行业，做过健身教练、瑜伽老师、普拉提老师、私人教练和教育者，同时也是健身行业的创新者。自 2000 年以来，她一直参与指导和培训融合体能训练领域的教练。范德堡是一位德高望重的行业领导者和演讲者，每年出席超过 20 场区域性、加拿大国内、国际会议。

范德堡获得了运动学体育学士学位并通过瑜伽、普拉提、TRX、ACE 健身集团和多项 Canfitpro 健身课程的认证。她获得过很多行业奖项，包括 2005 的 IDEA（国际舞蹈训练协会）年度教练和 Canfitpro 1996 年度、2006 年度、2013 年度和 2015 年度主持人。她还是一名顾问、教育开发者以及多家世界知名健身公司（包括 Schwinn Cycling，BOSU 和 Total Gym）的代言人，并曾是耐克和 Lululemon Athletica 的咨询顾问。作为健身专栏作家她服务过多家平面媒体，包括 Fitness、Self、Chatelaine、Flare 和 The Calgary Herald.

范德堡对健身和运动充满了激情。1973 年，她成为加拿大花样游泳的少年组冠军。1978 年在柏林举行的世界游泳锦标赛上，她获得了个人和双人的金牌。在接下来的三个赛季，范德堡所向披靡。在 1978 年至 1979 年赛季，她获得了伊莲奖，并被评为加拿大 1979 年度最佳女运动员。她于 1983 年入选加拿大体育名人堂，并于 1985 年入选国际游泳名人堂。范德堡与丈夫及两个女儿生活在卡尔加里。她知道如何在平衡家庭与事业的同时，以健康的方式生活。

译者简介

梁妍，中国科学院大学生物化学与分子生物学专业硕士，现任首都体育学院运动科学与健康学院助理研究员；游泳爱好者，瑜伽习练者，身体运动功能训练践行者；主要研究方向为运动营养学、运动与体重控制、肥胖及相关疾病的发病机理及干预、天然产物对体重的控制作用；已在 *RSC Advances*、*Biochimica et Biophysica Acta* 和 *BMC Complem Altern M* 等 SCI 收录期刊发表学术论文十余篇。